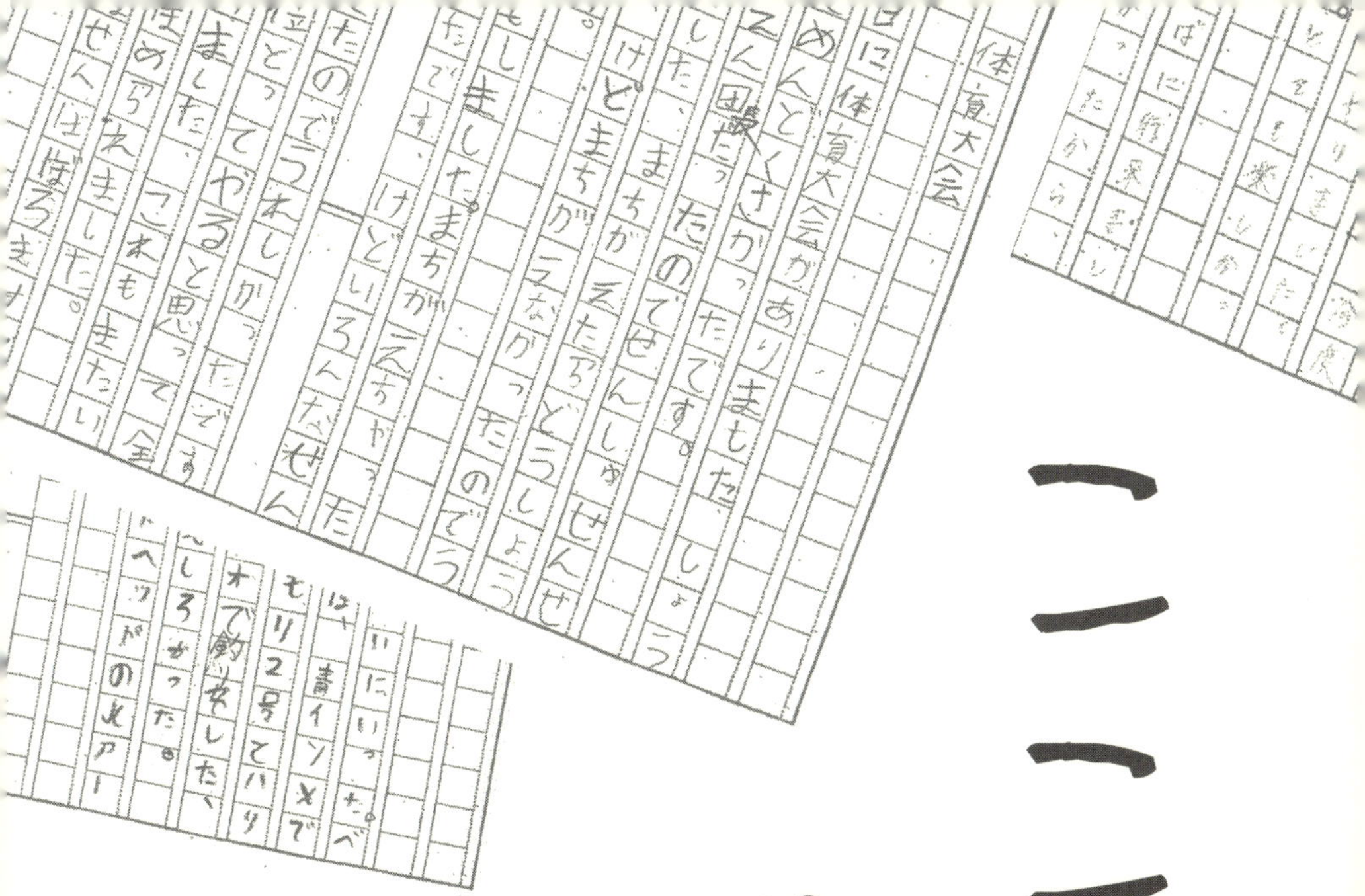

こころの作文

綴り、読み合い、育ち合う子どもたち

勝村謙司　堺市立安井小学校講師
宮崎　亮　朝日新聞記者　――著

かもがわ出版

はじめに

私が勤める大阪府の堺市立安井小学校では、全学年の児童が月に1度、自由に作文を書き、クラスごとに文集を作ります。そして、その中からいくつかを選び、クラス全員で読み合う授業をします。もう12年間、続いています。

きっかけは、私が安井小に赴任した２００４年のこと。担任をした4年生クラスが大変荒れており、まったく勉強をする気の見えないやんちゃな男子たちを席に着かせたい一心で授業に作文を採り入れました。学外の勉強会で「生活綴方」と呼ばれる作文教育は知っていましたが、本格的に取り組んだのは初めてでした。

毎月、楽しかったこと、うれしかったこと、時には辛かったことを自由に書いてもらい、文集にしました。いくつかを授業で取り上げ、みんなで感想を言い合いました。やがて、思いを言葉で伝えられず、暴力的な言動に走りがちだった子どもが授業で発言するようになり、周囲の子の接し方も変わりました。翌年度に担任をした6年生クラスでも続けました。

２００６年度には、当時の木浦憲一校長が全校にこれを広げると決めました。私を担任から外して教務主任と少人数指導担当にすえ、全学年で作文の授業ができる立場にしてくれました。

最初は、保護者や地域の人から「友だちとのもめ事を書いた作文を実名入りで載せていいのか」「あんなに読みづらい字で書かれた作文をそのまま載せるのか」という否定的な声もありました。しかし、続けるうちに「気の弱い孫が気持ちをしっかり言えるようになった」「生活環境が厳しく心配だった子が、あんなにあったかい文を書いた」などと肯定的な意見が増えました。職員室でも、子どもの文集を通じた教師同士の会話が多くなりました。

私は作文教育に取り組む教師ですが、もともと体を動かすことのほうが得意で、文を読んだり書いたりすることは得意ではありません。でも、子どもの作文を一生懸命読み続けてきた中で、子どもが何に喜び、何に悲しむのかを学びました。子どもたちも書くことで自分のことを少しずつ知り、友だちの作文を読むことで、その言葉に込められた思いを読み取れるように育っていきました。

私は2015年春に定年を迎えましたが、講師として学校に残り、学年に1クラスだけの6年1組の担任になりました。そのクラスに、朝日新聞の宮崎亮記者が1年間の密着取材をしてくれることになりました。そして翌春、朝日新聞の社会面に安井小の取り組みが載り、大阪版に連載記事「安井小　こころの作文」が17回（番外編など含む）にわたって連載されました。

本書ではまず、これをもとにして宮崎記者がプロローグと1章を書きました。

2章では私が、卒業していった子どもたちのことを振り返りました。

3章では、1、2章に入れられなかった子どもたちの作文を紹介しました。

さて、この本を手にとった読者の方々にお伝えしたいことがあります。

いま、多くの子どもたちが、大変厳しい生活状況に立たされています。あるいは学力重視の風潮の中で、大人たちが決めた価値基準によって優劣をつけられ、ありのままの自分を出すことができずに苦しんでいます。学校が、家庭が、社会が、子どもにとって、安心できる場になっていないのではないでしょうか。子どもは本来、学びたい、みんなと力を合わせ、心を通わせたいという願いをもっています。その願いを引き出し、サポートするのが、大人の役目ではないでしょうか。

最後に。この本では、子どもたち全員が実名で登場し（プロローグを除いてはすべてカタカナ表記にしました）、彼らの身に起こったさまざまな出来事を作文とともに紹介しています。安井小の取り組みのありのままを知ってもらうために、それを許してくれた子どもたちと保護者の方々の思いと勇気がなければ、本書を出版することはできませんでした。

本当にありがとうございました。

２０１８年　１月

堺市立安井小学校講師　勝村謙司

生活綴方とは

子どもが自分の言葉で生活のありのままを書き、それをクラスの子どもたちと教師で読み合う作文教育法。昭和初期に地方の農山漁村の学校に広まったが、戦時中に左翼的思想と曲解され、政府の弾圧を受けた。戦後まもなく、山形県山元村（現・上山市）の中学校に新任教師として赴任した無着成恭さんが社会科の授業に取り入れ、生徒43人が厳しい農村の生活を綴った文集『山びこ学校』（1951年）はベストセラーとなった。教師らでつくる日本作文の会は1960年代に会員数2000人を超えたが、現在は約450人まで減った。教師の多忙化とともに個人情報への配慮から文集を作らない学級が増え、さらに98年に小中学校・高校の学習指導要領から「作文」の文言が消えたことも影響したとみられる。

（宮崎　亮）

もくじ

プロローグ

宮崎　亮

いつもはにぎやかな5年1組の教室が、水を打ったように静まりかえった。2008年5月、堺市立安井小学校。作文の授業を担当していた当時教務主任の勝村謙司が、その日病欠していた1人の女の子の作文を読み上げた直後のことだ。

輝け奇跡の命

朝田愛梨

私には生まれつき敵がいます。みんなとは少しちがう敵。病気という敵。どこへ行ってもついてくる。ここで健康な子、人ならかわいそうに…。って思うだろう。でも、私はそうは思わない。もちろん辛いこともいっぱいある。でも病気のおかげで未来の目標が出来た。その目標とは、…私が行ってる病院、大阪市立総合医療センターの小児脳神経外科医になることです。なぜかと言うと私の主治医の先生がそうだからです。私はその坂本先生という先生が大好きです。やさしくておもしろいからです。病気のことも正直に話してくれます。本当のことを聞くといやなこと辛いことばかりです。でも、自分の病気としっかりむきあえるのでうれしいです。私は不幸ではありません。むしろその逆です。だって私には心配してくれる人がいるし、しんらいできる人がいる。そして完治する。ぜったい、いつかは完治すると自分で思える信じれる心があるから幸せです。

脊髄の難病を抱え、幼い頃から手術をくり返すなど病院暮らしが長く、車いす生活の愛梨《あいり》。半年間の入院生活が明けた直後に初めて、病と向き合う気持ちと医師になる夢を作文に書いた。

愛梨は3年生の時、入院中に自分の病気について主治医を質問攻めにした。「この子はごまかしきれない」と思った主治医は母親の久子さんと相談したうえで、完治しないことを告げた。愛梨はそれからしばらく荒れた。「こんな風に生まれたくなかった」と言って足の補装具を床に投げつけたこともあった。

愛梨のいた小児病棟はがんなどの重い病気を抱えた子ばかり。食事や院内学級で一緒に過ごした友だちの中には、幼くして命を落とす子もいた。久子さんは「この子は生きること死ぬことについてずっと考えてきた」と振り返る。

時間が経ち、現実を受け入れるようになった愛梨はやがて「お医者さんになりたい」と言うようになった。自分がこの病気の原因や治療法を研究したい。主治医の先生みたいに、何でも打ち明けられる家族のような存在になりたい――。

それでも学校の友だちに病気のことは語らなかった。病床で「親友は作れない。作れば病気のことを言わないといけないから」とノートに書いたこともあった。

この作文を書くきっかけになったのは、４年生の秋の体育大会。それまで欠席や見学ばかりだったが、初めて放送係として参加。マイクをもって見事に司会進行をした。その喜びを作文に書いた。

（略）周りのみんながほめてくれた。はじめてだった。自分で自分のことをほめた。泣きそ

うになった。自分の顔のひょうじょうが、ほんわかした顔に変わった。（略）
同級生たちのダンスの時間では、テントの下で座ったまま、手拍子をしながら楽しそうに踊った。

「あれから何事もすぐ無理やとあきらめず、挑戦できるようになった」という愛梨はその後、すぐに手術を受け、半年間の入院生活に入る。そして学校に復帰してすぐの5年生の春、冒頭の作文「輝け奇跡の命」を書いた。

勝村がこの作文を朗読するのを、涙を浮かべながら聞いていたのが健《たけし》だった。3年生の終わり、中国人の母親が日本人の父親と再婚し、来日。日本語が不自由でクラスに溶け込めず、孤独だった。健は振り返る。「小4では男子全員と最低1回はけんかしました」

その4年生の秋、健が午前6時前に愛梨の自宅前に現れ、玄関の前でウロウロしているのに、母親の久子さんが気づいた。「アイリ」とだけ言った健に「そうよ、愛梨ちゃんのおうちよ」と話しかけると、健は手紙を渡し

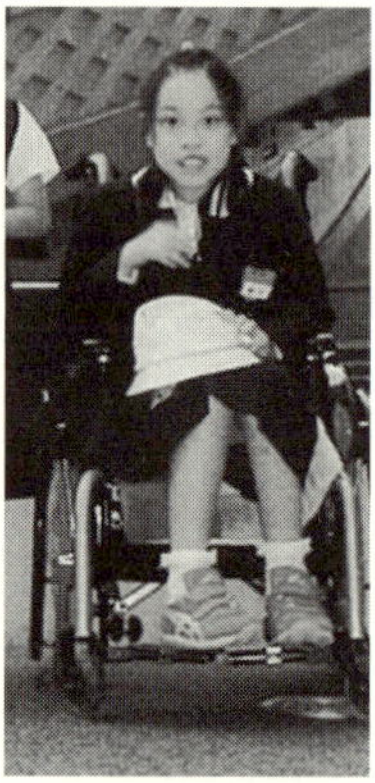

て走り去った。開けると「愛梨へ」、そして大きな「加油」の2文字。「加油」は中国語で「がんばれ」の意味だ。ミッキーマウスの絵も添えてあった。

その日は愛梨の大きな手術の直前だった。当時まだあまり話したことのなかった愛梨になぜ、手紙を渡したのか。健は少し考えてから、こう言った。「愛梨は学校に来ると、いつも、ずっと笑顔だったんです」

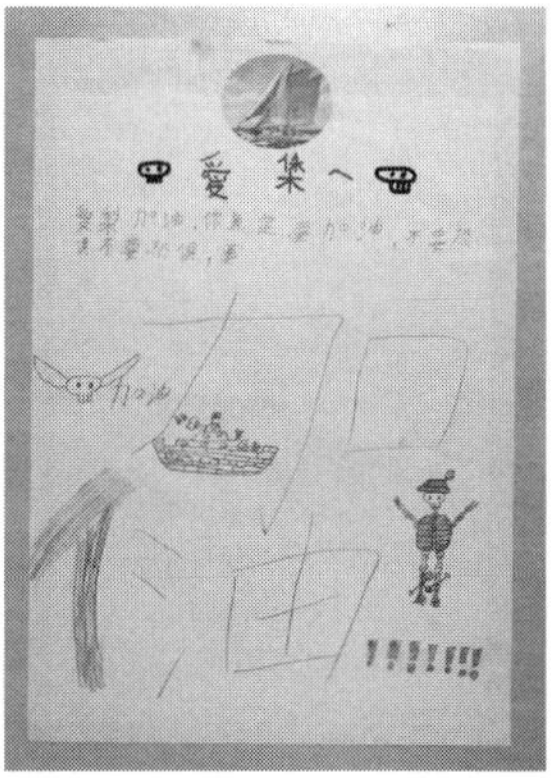

当時、会社員の父親も飲食店を営む母親も帰宅が遅く、夜はずっとテレビをみて過ごし、夕飯も一人で作って食べていた。「僕はあの頃、いっぱいつらいことがあった。愛梨は車いすだから外で遊べずかわいそうなのに、いつも元気やな、すごいなって思ってました」

その健が5年生の6月に初めて日本語で作文を書いた。

中国のこと　　原田　健

中国にあること。中国は、いぱいおいしい、食べものや遊びすることがあります。あそびものは、わたしは、気にいたのは、お化け屋しきです中国のお化け屋しきは、とてもこわくて、おもしろいです。あと三十階のビルの上から下までにジャンプするものもあります。

それからみなと本屋に行たり、買いものしたり、ごはんをつくて食べるとするとおいしかたです。万里の長城もいてきました。万里の長城は、とても高いです。下に向いたらとてもきれいな景色です。そしてのぼていくとちゅうにとてもこわいものがあります。下におりるものがあて、上から下まですべり台みたいに水で流れていくです。わたしも乗りたかったです。でもがんばって上に上がってのぼて、そして足でおりたそして「好●●」まで登りました。下におりるとき、おとなはそれに乗りました。足でおりました。おなかすいたので、ごはん食べに行た。とてもおいしかたです。

そして北京市内ホテルにとまて、レストランごはん食べて、べつのとこへ遊びいきました。遊びのとこについて遊びいきました。船やお化けやしきとてもおもしろかたです。そして家に帰て友だちに説明して、友だちは、とてもおもしろそに聞てくれて遊びました。

友だちが、とてもおもしろそうに聞いてくれた――。勝村は振り返る。「話を聞いてくれた周りの子がいたから、健が心を開き、これを書けたんやと思う」

当時、担任と一緒に国語の授業も受けもっていた勝村によると、健はこの作文を書いて以降、よく発言するようになり、日本語を多少まちがえても気にしなくなった。

5年生の1月にはこんな作文を書いた。

おばあちゃん・おじいちゃんに会ったこと　原田　健

十二月二十五日に中国へ帰ったこと。（略）

ばあちゃんの家につき、ばあちゃんは、とても楽しい顔をして、ごはんは、肉肉肉肉肉肉でした。とてもはらがいっぱいになりました。朝、昼、ばん、肉肉肉肉肉肉肉で、自分はふとったと思ったら、いっぱいふとりました。

そして日本へ帰ってきて、やさいをやっと食べました。

授業で取り上げるとクラスは笑いに包まれ、健も得意満面だった。授業後、健は勝村に、実は本当の母親は中国にいるのだと打ち明けた。いま一緒に暮らす母親は、生みの母親の妹なのだという。「もう中国へはあんまり帰れないと思う。中国の本当のお母さん、結婚してん」

健が愛梨とともに教室で積極的に発言し、授業をリードするようになると、2人に触発されて、クラス全体が意欲的になった。勝村は振り返る。「学校ってのはそうあるべきやねん、と思わせてくれるような学年だった」

愛梨はもうすぐ20歳。2年前に高校を卒業後、大学の医学部合格をめざし、自宅で受験勉強に励んでいる。体力を心配する母親は、高校時代から何度も医学部受験に反対してきた。高校

3年で受験に失敗した時には、高校時代まで主治医を務めてくれた大好きな先生からも、考え直すよう勧められた。それでも、愛梨の意志が固いのをみて、次第にみんなが応援してくれるようになった。「患者さんが何でも打ち明けられる、家族のような医師になりたい。自分の病気のことも研究したい」という目標は、小学生の頃から変わらない。「つらいことがあったり、目標が揺らいだりした時はいつも、あの作文を思い出してきました」

健は20歳になった。高校を卒業後、大阪府東大阪市のディスカウントショップで働き、この夏から正社員に。普段、健を叱ってばかりだという店長に話を聞くと、「まじめで、言ったことはちゃんと受け止める。同じ年代の子と比べて圧倒的に仕事ができます」という答えが返ってきた。

健の夢は「温かい、幸せな家庭を作ること」。その一歩としてまずは信頼される社員になり、ゆくゆくは起業したいと考えている。大金持ちになりたいわけじゃない。「家族に不自由させないくらいの成功をしたい。家族に頼られるような人間になりたいんです」。まっすぐ前を見据えながら、流暢な日本語でそう話した。

二月五日金曜
作文
姉
このまま優しい
ほしいです。
初もうで

1章

安井小
こころの作文

宮崎　亮

この章は、2016年3月に「安井小　こころの作文」という題で朝日新聞大阪版に連載された記事を元にして書きました。

I 「先生、書けた」

「先生、おれ、書けた！」

２０１５年５月、堺市立安井小学校の６年１組の教室。小柄で細身のイッセイが勢いよく立ち上がり、教卓に１枚の原稿用紙を置いた。１時間目の国語は「作文」。一気に鉛筆を走らせ、クラス31人の中で真っ先に書き上げた。

体育大会　　イッセイ

5月24日に体育大会がありました。しょうじき言ってめんどくさかったです。

ぼくは、応えん団長だったのでせんしゅせんせいなどをしました。まちがえたらどうしようと思いました、けどまちがえなかったのでうれしかったです。

応えん合っせんもしました。まちがえちゃったのではずかしかったです。けどいろんなせんせいにほめてもらえたのでうれしかったです。100m走もぜったい1位とってやると思って全力ではしって1位とりました、これもきたいろんな人にはやいってほめられました。

うれしかったです、きばせんはぼろまけ、つなひきもまけました。

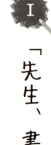

そしてうんどう会の目玉、くみたいをやりました。ピラミッドたのしかったです。そして、あかぐみがかって白ぐみがまけました、ぼくは白組だったのでくやしかったです。さいごのうんどうかいかちたかったです。

「おれ、知らん先生にもほめられてびっくりしてん！」。はじけるような笑顔のイッセイに、その場で作文を読んだ担任の勝村謙司は「みんなとがんばれた喜びを素直に書けてる」と言って目尻を下げた。

安井小は8クラス約210人の小規模校。2006年から全学年で「生活綴方《つづりかた》」と呼ばれる作文教育法に取り組む。月に1度、生活の中の出来事を自由に書かせて文集にまとめる。そして「読み」の授業で、数作品を取り上げてクラス全員で読み、気づいたことなどを話し合う。書いた子の生きる意欲を高めるだけでなく、周囲の子の想像力や思いやりの心を育むことも狙う。

6年1組の教室がある校舎4階の窓からは密集した住宅の屋根とマンション、高速

道路の高架が見える。校区には新旧の住宅地が入り交じり、市役所がある南海堺東駅前の繁華街にも近い。児童の出入りが多く、さまざまな事情を抱えて転校して来る子がいる。

イッセイもそんな一人だった。前の学校で周囲の子とぶつかりクラス内で孤立し、休みがちになった。6年生の4月に転校して来たが、朝から机に突っ伏し、休み時間に騒いでまわりから注意されると激しい感情を見せることもあった。同じクラスの子たちもどう付き合えばいいのかと戸惑っていた。

そのイッセイが4月下旬、体育大会の応援団長に立候補した。練習では大きな声を出し、最初はふざけていた徒競走も次第に真剣に走って、本番では1等賞を取った。

作文を書いてから約2週間後の6月上旬、勝村は国語の授業でイッセイの作文を取り上げた。「きょう体調が悪くて来てないけど、お母さんから聞いたことを言います。イッセイ、安井小に来て、初めて学校が楽しいと。初めて家でテストの勉強をしていたと」。静まりかえった教室で、作文をゆっくりと読み上げた後、「先生がうれしかったとこ、どこやと思う？ 線引いて、その理由を言ってください」と子どもたちに問いかけた。

ハルルが手を挙げ、「しょうじき言ってめんどくさかったです、と書いたくせに、ほめてもらえたのでうれしかったです、と書いてた」と答えた。

「めんどくさかったが、うれしかったに変わったのは、なぜだろう」とさらに問うと、ジンが「最後の最後に楽しかったと言えるのは、とにかく全部がんばったから」。練習中に大げんかしたユウスケは「組体操の練習がんばってたやん。うるさいくらい注意してきてん」と言った。前向きな姿勢を評価する発言が続いた後、勝村はイッセイを受け入れた一人ひとりをねぎらった。彼が仲間になり、自分たちと一緒にがんばった。そのことをわかって欲しかった。

その後、子どもたちの関係に少しずつ変化が生まれた。放課後、勝村が算数の苦手なイッセイに補習をしていた時のこと。途中で職員室に行って戻ると、バスケをするため残っていたハルルがイッセイの勉強を見ていた。「先生、ええで。私が教えるから」

もちろん、この後も悪ふざけやけんかが急に減ったわけではない。だが、そんな時には周りの子がきちんと注意するようになった。「イッセイ、ちゃんとしいや」と。

＊　＊　＊

公立学校にも競争原理がもち込まれる時代。その中にあって効率性とは無縁の「作文」による指導にこだわる小学校が堺市にある。古典的ともいえるこの教育法にどんな可能性が秘められているのか。安井小に通い、その答えを探った。

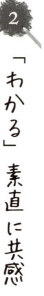

2 「わかる」素直に共感

「みんな、自分のお兄ちゃんお姉ちゃんががんばって感動したことない？」

5月にあった作文の「読み」の授業。勝村は6年1組の文集の4月号から、中学の吹奏楽部の演奏会に出た姉のことを書いたミミの作品を取り上げた。

（略）曲の途中で、お姉ちゃんのソロが入りました。オーボエという楽器で、すごく音色がキレイでした。中学から始めてあれだけ吹けるのはすごいと思いました。（略）

その時のことを聞くと、ミミは小さな声で「指が回りづらそうで…」。「ドキドキしてたんやな。優しいね」という勝村に、「おれより優しくない！」とユウスケが茶々を入れた。勝村はこの時を待っていた。

仲良くしたい相手に素直になれないユウスケ。1つ下の妹は運動が得意で身長も近い。仲はいいが、けんかも多かった。妹にも友だちにも素直に接して欲しいと願っていた勝村は、空手の上手な妹の話をもち出した。「ユウスケ、妹が空手の試合に出るやん。その時どんな気持ちや」すかさず周りの女子が「妹に空手の段、抜かされてん」とからかう。勝村がほほえみながらユウスケを立たせ、「悔しいか?」と聞くと、「全然! おれはおれやから」。勝村が「そうや」とうなずくと、ユウスケも声を張って言った。「そやねん」

拍手と笑いが起きた。

すると、一番後ろの席のソウが「わかるわ」とぽつり。2つ下の弟が空手の大会の成績が自分よりも良かった時の悔しさを語った。

素直に共感を口にしたソウを「えらいわな。言いにくいこと、ちゃんと言うた」とほめた勝村。「ユウスケがみんなの前で思ったことを言うたから言えたんや」と付け加え、そのユウスケが4年生の時、妹の空手の試合をハラハラしながら見守っていたことを話した。「それ、おれ(作文に)書いてん」というユウスケに、「やっぱ妹のことちゃんと見てる」と返すと、「だいっきらいや」と言って顔を赤くして照れた。

3 気持ち、久しぶりに出せた

塾の大変さ、次々と

6年1組の文集の題は「チバリヨ」。沖縄の方言で「がんばれ」を意味する。作文を読んで互いに励まし合えるクラスになってほしいという、勝村の思いが込められている。

その勝村は、作文のうまい下手よりも、どう読むかを大事にする。5年生の10月にあった授業。「心に残ったところに線引いて」と言い、文集から男子の1人、ソウの作文「バーベキュー」をゆっくりと読んだ。

バーベキュー　　ソウ

夏休みが始まってすぐに、福岡から一時的に帰ってきた父と、家の車を道路に出して、ガレージでバーベキューをしました。学校の宿題も塾の宿題も終わっていなかったので、うしろ髪を引かれる思いで、野菜を焼いていましたが、しだいに気が軽くなっていき、父と楽しんで、食べるようになっていました。肉や野菜はあまり食べる気にならなかって、水ばかりのんでいました。やっぱり、宿題のことが心にのこっていました。でも、父に、

「せっかくなんだから食べたらいいんじゃないの？」

と、言われたので、野菜と肉を少し食べました。でも、塾の宿題は、すぐに終わったので、こうかいしたのですが、楽しかったです。


読み終えた途端、ユウスケが「楽しかったんかい?!」と突っ込みを入れた。「うん。いいとこ、気ぃついてる」と勝村。ソウが後ろの席から、「それよりお父さん帰ってきたことのほうが、ホンマはうれしかったけどな」と早口で言った。

ジンが、宿題を気にしていたくだりを読み上げ、「いつも明るいソウでも、たまにはこんなことあんねんな」と発言した。勝村が改めて問うと「こんな暗い一面もあんねんなって」

「君はこれを暗い、と読んだ。いいよ…」と勝村。するとハルルが「塾の宿題終わらんかったらどうしよ、という

不安のほうがでかいと思う」。ナオタケも顔を真っ赤にして「忘れたら、みんなの前で怒られんねん」。みなが口々に塾の大変さを訴えるうち、チャイムが鳴った。授業後、ソウの作文を選んだ理由を勝村に尋ねた。「久々に自分の気持ちを出し始めたから」との答えが返ってきた。

遊ぶ時間、心にゆとり

放課後、帰宅するソウについて行った。細身で小柄。6年生にしてはランドセルが大きく見えた。国道近くの住宅街の一角に自宅があり、3階建ての1階部分が、夏休みにバーベキューをした駐車場だった。

作文「バーベキュー」が授業で読まれ、周囲の子から「塾は大変」という声が聞こえた時の気持ちを尋ねると、「みんなそんな風に思ってんやなって驚いたし、自分だけやないなって安心した」と、少しはにかんだ様子で答えた。

勝村によると、低学年の頃のソウは気持ちのこもった作文をよく書いていたが、高学年になると事実を淡々と書くだけになった。その理由をソウ本人に聞いてみた。少し考えた後で「小4から塾に入って忙しくて、あんまり普段のことを覚えてなかったから」という答えが返ってきた。

明るく、授業では以前と変わらず積極的に発言していたが、イライラするのか、けんかが増えた。ソウの母親は、仕事で忙しく、息子の気持ちを受け止める余裕がなかったと振り返る。

「友だちとうまくいかなかった時、『相手の子にも、きっとしんどい気持ちがあるのよ』なんて正論で返した。ソウは『じゃあ僕が悪いんやな』って。あまり気持ちを言わなくなった」

中学受験を控え、塾には週6日通った。母親も「こんなに勉強するなんて」と戸惑ったが、将来のためにと続けさせてきた。

6年生になり、ほかの習い事をやめて友だちと遊ぶ時間が増えると少し落ち着いたようで、6月の作文では、福岡の父のもとへ遊びに行ったことを書き、別れ際の気持ちを「なぜか、母さんと別れるより悲しくなりました」と表現した。母から離れて遠出するのも寂しいが、めったに会えない父との別れはもっとつらい。勝村は、素直にそれを書いたソウに変化の兆しを感じた。

そしてさらに自分の気持ちを出した作文が、夏休み明けに書いた「バーベキュー」だった。ソウはこう振り返った。「今回は久々に『書いたな』って感じがした。自分が書いた作文について、授業でみんなが話し合ったりするのはうれしいいし、楽しい」

4 はじまりの学年

子どもを見守るツール

午前4時に目を覚ますと、寝間着のまま居間の椅子に腰掛け、文集を手に取る。コーヒーをすすり、一人ひとりの顔を思い浮かべながら、ゆっくりとページをめくる。勝村の日課だ。

全学年での作文教育が始まった2006年から7年半、教務主任を務めた勝村が定年後も講師として残り、その中心を担う。読んで気になる点があれば担任に伝え、書いた子の様子を聞き取ることもある。

「作文が、複数の教師の目で子ども一人ひとりを見守るための良いツールになっている」と阪口博之校長は話す。

全校で作文に取り組むきっかけは2004年。勝村が4月に赴任してすぐの始業式で、整列できず、ひときわ落ち着きのないクラスがあった。「あのクラス、大変ですね」と勝村が言うと、教頭は「君のクラスやで」。当時50歳になろうとしていた勝村でさえも手を焼いた4年1組だった。

靴を隠すいたずらが相次ぎ、けんかが絶えなかった。特に、4月から一度もランドセルを背負って来ないやんちゃな男子5人組には困らされた。遅刻しても平然とし、立ち歩くなどしてまともに授業ができなかった。

5月の連休明け、勝村は彼らに作文を書かせることにした。題材も分量も自由。何とか席につかせたい一心だった。

5人組の1人が「本当に何を書いてもええんやな。ちょっとでもええんやな。後でケチをつけへんな」と言ってきた。好きなことを書いたらええと言うと、タイシが「よっしゃ。そしたら書くわ」。彼らが鉛筆を握る姿を見るのは、初めてのことだった。

語尾に見えたホンネ

やんちゃな5人組が静かに作文に取り組む姿に勝村は目を見張った。筆圧は弱く、書き殴ったような文字。それでも彼らを含む36人のクラス全員が授業時間内に書き終えた。

タイシは、こんな作文を書いた。

ひよことうずら

タイシ

ぼくのひよこは堺祭りでつった、ひよこです。まやとぼくがつったひよこが死んだのです。つぎの日、公園にうめてきたのです。それから、まやのひよこがいなくなったのです。それから、ツバメのすが、ほしいと思ったのです。

一読してすぐにある「事件」を思い出した。この直前、学校近くに住むおばあさんから「軒先のツバメの巣を子ども数人にいたずらされ、地面に落とされた」と職員室に苦情の電話が入り、勝村はただ一人名乗り出たタイシを連れて謝りに行っていた。死んだヒヨコの代わりにツバメが欲しかったことを書いたのかな、と受け止めた。

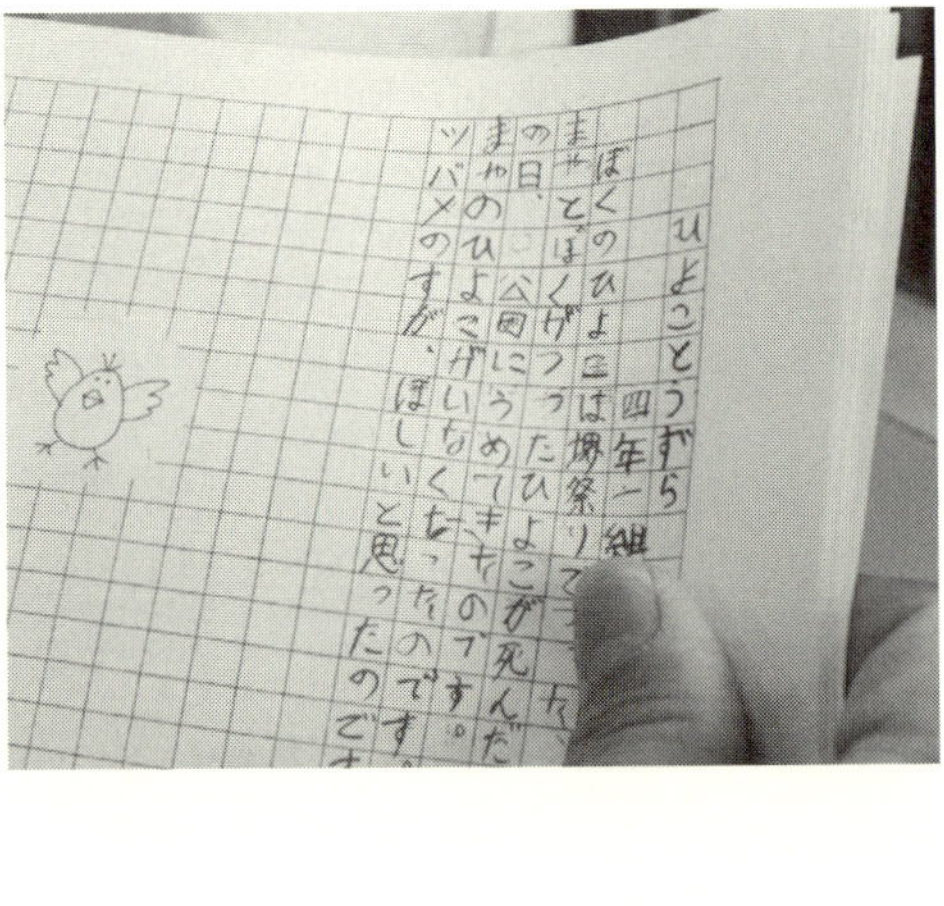

その晩、教師仲間でつくる国語教育研究会に顔を出し、「大阪綴方の会」の重鎮で元小学校教諭の野名龍二にこの作文を読んでもらった。すると野名はにやりと笑い、「えらい悪さやけど、かわいいわ！」と言い放った。

野名は「～のです」の語尾に注目した。「やんちゃで人に疎んじられてはいてもプライドがある。それがいじらしくかわいい」。さらに、作文を書く前に「後でケチをつけへんな」と1人が言っていたと知り、「逆に言うたら、この子ら今まで何をしても、周りからケチばかりつけられてたんと違うか？」と言った。

帰宅後、勝村は作文を読み返してはっとした。謝りに行き、何でこんなことをしたのか聞いても無言だったタイシ。「わざと落としたんと違う。かわいいから、近くで見たかっただけなんや」と言いたかったのでは。後でわかったが、タイシはその場にいただけで巣を落としたのは別の子だった。

おまえらを離さんぞ

翌2005年の1月、そのタイシが、友だちと銭湯に行った時のことを作文に書いた。

友だちとせんとに行った

タイシ

清岡さんと山本さんと近所の子と、ぼくでいっしょにみんなで遊んでから、せんとにいくことになりました。そして行って、服とジャンバーを脱いで、ズボンも脱いで、くつしたも脱いで、パンツを脱いだつもりでいて、そのまま入って、おっちゃんが、言ってくれて、もどって、また入りました。それから泳いで、遊んで体を洗って頭も洗って、また泳いで、帰ろうと言われて、いやでした。そしてお風呂からでて、帰ったらジュースを飲んで、頭とおなかがいたくなって、ゲリがでて学校を休みました。でも柔道は行って、またおなかが痛くなってゲリがでておしりをふいて、弟とゲームをしてまたゲリばかりでてねました。

勝村は、タイシのいたこの4年1組で初めて月1で作文の授業をするようになった。最初は短い文章しか書けなかったタイシも次第に普段の出来事を書き込むようになった。

勝村は勉強の苦手な子も授業に参加できるよう、国語では詩や作文を板書した後にみんなで声に出して読ませ、感想を言い合うよう工夫した。タイシたちはこのやり方を気に入り、手を挙げて発言するようになった。

2学期の保護者懇談会。タイシの母が「あの悪ガキも汚い字やけど、一丁前にみんなと同じに書いてる。それがうれしいねん」と言い、こう付け加えた。「先生、この子ら見捨てらんといたってな」

勝村は1954年、機械技師の長男として堺市で生まれた。近所には貧しい家が多く、小6

の時、廃品回収業を営む親友の父から、「おまえは勉強ができる。教師になり、貧しい子でも勉強ができるようにしたってくれ」と言われた。周囲には国籍や出自で差別を受ける子もいた。「何で一生懸命働いて、貧しい生活をせなあかんのや」。素朴な疑問に突き動かされるようにしてこの道に進んだ。「教師としての原点」となった。

悩みつつも、子やその親たちと真剣に向き合い続ける勝村。作文教育の第一人者で長年、相談相手をしてきた野名は、「どんなことがあってもおまえらを離さんぞ、というのが勝村君の真骨頂やないかと思います」と評した。

5 やさしさ 〜卒業生の作文〜

話を再び2015年度の6年1組に戻す前に、彼らの1学年上の卒業生を2人、紹介したい。

母の愛、生き生きと

「この子の作文、読んでほしいねん」。2015年秋、安井小の校舎2階にある職員室。勝村は作文教育の研究大会で発表するために作った資料の束を机の引き出しから取り出し、一つの作文を指さした。その春に卒業したマホが、2年生の4月に書いた作文だ。

おかあさんといったよ。　マホ

水よう日に、おかあさんとハローワークにいったよ。おかあさんは、パソコンきょうしつをさがしに、いつも、わたしと、いっしょに、ハローワークにいきます。おかあさんは、いつも、

「ちかくて、6じまでに、おわるパソコンきょうしつは、なかなかないなあー。」

と、いいます。でも、その日で、もうパソコンきょうしつが見つかったようでした。こんどくるときは、パソコンきょうしつにいくためのしょるいをもらいにいくそうです。ハローワークからかえるとちゅうに、おかあさんが、おなかすいたようで、

「カラオケボックスにいく?」

と、きいたので、わたしもおなかがすいていたので、

「いこう!」

と、いいました。それから、おかあさんと、わたしの2人で、ジャンカラにいきました。わたしたちが、入ったへやは、141ごうしつでした。おかあさんは、さきに、のみものと、たべものをたのみました。おかあさんは、アイスコーヒーをたのんで、わたしは、ホワイト

ウォーターをたのみました。さいしょは、わたしが、うたいました。さいてんゲームをしました。ジャンカラには、6じまでいました。かえりにぎゅうにゅうをかってかえりました。

マホと2人で暮らす母親は長年、飲食店のパートをかけもちしていたが、土日出勤が多く子どもと過ごす時間が少ないのが悩みだった。思い切ってパートをやめ、安定した職に就こうとハローワークへ。そこで市の補助を受けてパソコン教室に通い、土日が休みの事務職に就くことができた。

作文を読んだ勝村は「この子は強くて優しい子だ」と感じた。春休み明けのこの時期、家族旅行のことを書く子が多い中、母親との職探しについて書いたマホ。だが、2人でのカラオケの楽しさを生き生きと綴り、部屋番号まで書いていた。

中学生になったマホにあの作文のことを尋ねた。「それだけ私にとって楽しいことだったんやと思う」とほほ笑んだ。

勝村は働きづめの親とのすれ違いから、荒れる子どもたちを多く見てきた。「楽ではない暮らしの中でもたっぷり愛情を注いだお母さん。それがマホの思いやりの気持ちを育んだ」

マホは勝村が担任をした5年生からクラスのまとめ役に成長。中学1年生で学級委員、2年生で生徒会副会長も務めた。3年生のいまは受験勉強に取り組んでいる。将来の進路はまだ決めていないが、「小学校の教師は憧れ」だそうだ。

まっすぐな言葉、響く

昼休み、校庭の片隅にある飼育小屋で数人の児童がウサギの世話をしていた。勝村はその姿を見て、マホと一緒に卒業したコウキを思い出していた。

学習が遅れがちで国語と算数は支援学級で学んでいたコウキ。クラスの飼育係として毎日のように飼育小屋に通い、掃除や餌やりをした。そのコウキは4年生の2月にこんな作文を書いた。

ママいがい　　コウキ

ぼくは、インフルエンザになりました。はじめになったのが、ぼくとおにいちゃんで、インフルにまだあんまりねつがでていないときに、ゲームしていたから、よるにねつが三十九ど四ぶでました。おにいちゃんは、やったけど、ぼくはしてなくて、しんどくて、おとなしくねていたから、ねつが下がりました。でもおにいちゃんが、かなり上がりました。つぎの日は、おとうとがねつをだしました。いちばん上もなりました。

その前年の6月、父をがんで亡くし、母と兄2人、弟の計5人で暮らしていた。その冬、母を除く4人がインフルエンザに感染。入院した弟に母が付き添い、家に残った兄弟3人で4日間過ごしたことを書いた。

作文を授業で取り上げると、「コウキ、マザコンや!」という声が上がった。勝村はなぜそう思うのかと厳しい口調で問いただした。重苦しい空気の中、女子の1人が「コウキ君のおうち去年、お父さん死んだんやで」「(弟が入院して)コウキ君1人で寝たんやで。えらかったな」と続けた。子どもたちは静かにうなずいた。

5年生になると、コウキは自宅で飼っていた猫が子猫を産み、もらわれていく子猫がかわいそうで、2階の部屋に隠れたことを作文にした。

子ねこのこと

コウキ

春休みにねこが四ひき、あかちゃんをうんだ。

外でうんでしばらくしてつれてきた。でも、きのうにもらってくれる人がきた。ぼくは、さみしいし、見たくないので、二かいにあがった。

おやねこは、さみしがるので、外にだした。おやねこがないてた。

「ニャーニャー。」と、なんかいもないてた。にいちゃんは、下におってもいけた。ぼくは、かなしいからわすれようとしている。でも、時間がかかります。やぬしがうるさいです。

「どうぶつは、一ぴきしかだめ。」と言っているからしかたない。まだかなしいです。たぶんしあわせだとおもいます。おもちゃの大きいくるまののりものにひかれるから、もどってこないほうがいい。元気におるとおもいます。

授業で読むと、教室のあちこちから「やさしいな」という声が上がった。高学年になると、多くの子が恥ずかしさからか、作文に自分の素直な気持ちを書かなくなる。その中でコウキのまっすぐな言葉は周囲の子どもたちの心に響くようで、少しずつ彼のことを知り、優しくなっていった。作文がクラスを変えた好例だった。

6 転校生ケント

大阪めっちゃ楽しい

さて、いよいよ物語の舞台を6年1組の教室に戻す。

2015年10月。クラス中が朝からそわそわしていた。教室は1時間目のチャイムが鳴っても静かにならず、たまらず勝村が「静かにしなさい！」と注意した。

6年生になって2人目の転校生、ケントが来る日。年度初めに転校してきたイッセイがクラスになじみ、ようやく教室が落ち着いてきたところだった。最初が肝心と考えた勝村は「君らに理解してほしいことがある。絶対本人には言うなよ」と釘を刺した後、ケントが前の学校で9月以降、ほぼ休んでいたことを話した。「わかった！」「優しく迎えるで！」。元気の良い返事がかえった。

2時間目の終わり、ケントが母親と一緒に校門をくぐった。教室がある校舎4階の窓から男子らが身を乗り出すようにして、「転校生や！」「仲良くしよな！」と大きな声を出した。

2階の会議室でケントと母親が勝村とあいさつをしていると、入れ代わり立ち代わり子どもたちが中をのぞき込む。終わると待ち構えていたイッセイが駆け寄り「荷物全部持つわ！」。シュリも「気ぃ使わんと入りや」と教室に招き入れた。「100メートル何秒？」「LINEしてる？」。休み時間になるとケントの周りに人だかりができた。やや緊張気味のケントは、前髪がかかった切れ長の目をさらに細くしてほほ笑んだ。

元々は堺市出身で、5年生の6月に父親の仕事の都合で中国地方の小学校に転校。そこで大阪弁をからかわれ、つらい思いをしたという。安井小に来て数日後に書いたケントの作

文は、わずか3行。

転校してきて　　　　　ケント

てんこうした。おもしろい人がいっぱいいた。たのしかった。大阪のがっこうひさしぶりだった。大阪めっちゃたのしい。

けんか、深まる絆

前の学校で1カ月ほど休んでいたケント。転校して来た当初は6年1組のみんなから歓迎された。自宅が近所のジンとは一緒に通学し、何かと世話を焼いてもらっていた。順調な滑り出しをしたかに見えたが、そうすんなりとはいかなかった。

2週間後の図工の時間、ケントは壁に立てかけた自分の画板の横にいたシュリに「取って」と言えず、「どけや」と言った。身長170センチを超すシュリとつかみ合いになり、ケントは机に突っ伏して泣いた。

勝村は2人とそこに居合わせた男子数人を空き教室に連れて行った。そこで、まだ転校して間もないケントの立場を考えさせることにした。「このままだとどうなる?」「学校に来なくなる」。1人が答え、自分も仲間にちょっかいを出して仕返しされ、登校できなくなったことを話した。

「こいつもこんな経験あんねん」。勝村はシュリの目を見た。「君も昔はちょっかい出してたな。それで自分が傷ついたことないか」。シュリは「あった」とつぶやき、黙った。互いに謝らせ、この場は終わった。

シュリは友だちともめると、思いをうまく言葉にできずにカッとなることがあったが、学年が上がるにつれて落ち着いてきた。3年生の頃に担任をした森本奈三子は、小学校教諭2年目の若手だったが、何かあるたびシュリの言い分をよく聞いた。その年の3学期の終業式の後、シュリは先生に手紙を渡した。

一年間ありがとう。いつもめいわくかけてごめんなさい。
ありがとう。四年になってもがんばります。
シュリ、学校とびだしたとき、ついてきてくれてありがとう。
先生走るのはやかったね。一番の思い出です。

シュリより

「けんか」があってから10日後、ケントが加わって32人になった6年1組は三重県の伊勢・志摩へ修学旅行に行った。遊園地で班の仲間からはぐれたケントと、一緒に行動するシュリの姿があった。

転校後、初めて休む

修学旅行の2日目、帰りのバスで一騒動があった。

転校生のケントの前に座った男子2人がいきなり座席を後ろに倒し、それを見た元気者の女子のマチルが2人に注意した。ところがケントは、口げんかをしていた後ろの女子に向かって座席を倒し、反っくり返ってみせた。まわりの女子から注意されたケントは、ふてくされた様子で足元に落ちていた菓子を蹴飛ばした。途端に蜂の巣をつついたような騒ぎになった。

休み明けの月曜の朝、勝村はケントが気になって自宅に電話をかけた。母親はケントが休みたがっていると話した。家が近所で一緒に通学していたジンを誘って迎えに行き、学校に連れてきた。

1時間目の学級会。勝村は「今日、学校行くの嫌やと言った子がおるんや」とクラスのみんなに話しかけた。「ケントや」

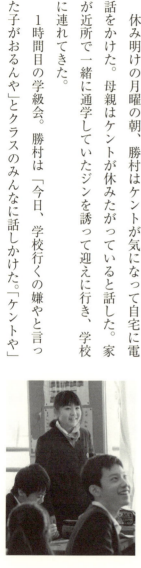

「あいつが悪い」。数人から声が上がった。一番後ろに座ったケントは黙っていた。勝村は帰りのバスでのことをみんなで考えさせようと、当時、ケントの周りにいた子どもたちにその時の様子を説明させた。

やんちゃな男子にもものおじしないハルルが、「こっちの言い方もキツいかもしれんけど」と前置きしたうえで、「注意してもケントは『逆ギレ』するから、けんか腰になる」と言った。

勝村は黙りこくるケントに語りかけた。「どや。マチルはケントのために他の男子を注意してくれた。ハルルは『言い方にも問題あった』と認めて、でも君の態度も問題やと言った」

ケントは「どうすればいいかわからへん」とだけ言った。祝日を挟んだ2日後、転校して初めて学校を休んだ。

クラス全体、育てたい

その日の放課後、勝村はケントの自宅を訪ね、「つらかったやろ。学級会、よう辛抱したな」と声をかけた。

勝村は母親に2つのことを伝えた。ケントは意思疎通が苦手で、確かに修学旅行での振る舞いに問題があったこと。一方で周りの子たちにも、相手の心に届くような注意の仕方を身につけてほしいと願っていること。「今回のことでクラス全体を育てたい。お母さん、ケント君ががんばって学校に行くよう励ましてほしいんです」と訴えた。

不登校になった前の学校ではもめ事があるたび「ケント君に問題がある」と言われた。勝村の態度はそれとは違うと感じた母親は「わかりました」とすぐに答え、信頼することにした。

翌日になってケントは登校してきた。彼をからかう男子もいたが、普段はおとなしいヨシエが「いい加減にしいや」と厳しい口調で注意してかばった。保育園でいじめられた経験があり、「それを思い出したくないし、ケントの気持ち、わかるから」。アヤミやアズミといったほかの女子たちも、ケントがもめ事に巻き込まれそうになると、心配して職員室にいる勝村を呼びに行くなどした。

家庭訪問の翌々日、作文の「読み」の授業があり、勝村はケントの作文を取り上げることにした。修学旅行のすぐ後にみんなに書かせたが、彼だけは旅行の思い出ではなく釣りの話を書いていた。「自分のことを知ってほしい」というサインでは。そう受け止めた。

8 釣りで話弾む2人

釣りにいった　ケント

岡山の牛窓のせとないかいにいった。ベラと真鯛と黒鯛を釣った。エサは、青イソメでしかけが投バリと中どおしオモリ2号とハリス3号サオは、万のうの手ザオで釣りをした、ベラは、ひきがつよくておもしろかった。

岡山の川で鯰をつった。レッドヘッドのルアーで釣った。

20字詰めでわずか7行。瀬戸内海はひらがななのに、学校で習っていないはずの「鯛」は漢字で丁寧に書いてあった。

勝村は読み上げた後、「みんな、釣りの何が好きや」と声をかけた。するとケントより半年早く転校してきたイッセイが「(魚が) かかる時も楽しいけど、待ってる時に話するのも楽しいねんな」と発言した。

勝村に促され、ケントが口を開く。「引くときやな。ナマズもファイト(引き) 強いから、持ち上げるのに時間かかる」。その言葉にイッキが「ファイトって意

味わからん」と言うと、「こうや」と、周りの男子が身ぶり手ぶりで説明した。

勝村がみんなに好きな魚を尋ねると、ケントは「サバ。やっぱ引きが強いし」。料理をするのか聞かれると「うん」。その答えにどよめきが起きた。「衣につけたり、パッパッとコショウ振ったり」。まじめな顔で説明するケントがおかしかったのか、教室は仲間の笑い声に包まれた。

するとイッセイがくるりと振り向き、「さばく時、一番大変なんはウロコやな」とケントに声をかけた。ケントは少し戸惑いながらも「そうやな」と答えた。授業後、それまでぶつかることもあった2人の転校生が釣りの話題で盛り上がる姿を見て、勝村は「たまに予想を超える効果が出るのが作文の授業のおもしろいとこ」と相好を崩した。

年が明けた2016年の1月下旬、図書室で借りた本の返し方がわからず困っていたケントにマチルが声をかけ、一緒に本を返しに行った。口べたなケントの「ありがとう」の言葉が、勝村の耳に届いた。

7 優しく、強く、はばたく 〜卒業〜

桜のつぼみが膨らみ始めた3月16日、安井小の体育館で卒業式が開かれた。パッヘルベルの

カノンの調べが流れる中、6年1組の32人は担任の勝村に名前を呼ばれると、1人ずつ壇上に立って将来の夢を発表した。

「私の将来の夢は保育士になることです」。アズミの声が響く。「なろうと思った理由は、小さい子がかわいいなと思ったからです。でもかわいいとほめるだけでなく、だめなことはだめと教えてあげられる保育士になりたいです」

安井小の卒業アルバムには、6年間、毎月作文を書き続けてきたその集大成とも言える卒業作文が収められている。この日発表した「夢」はそれを元にして考えたものだという。

優しい性格で誰からも慕われたアズミ。勉強にも吹奏楽にもコツコツ取り組み、あえて言うなら少し引っ込み思案なところが課題だった。その彼女に変化の兆しが出てきたのは、ケントの作文が授業で読み上げられたころだ。彼のことを気にかけるようになり、3学期の1月には、休み時間に教室で独りでいたケントをアヤミたちと一緒に誘ってトランプをした。2月には、登校しないケントを迎えに行こうとした勝村に「私も一緒に行こか」と言い、驚かせた。

1年生の頃からアズミの作文を読んできた勝村は「だめなことはだめと教えてあげられる保育士」という一文に、「さまざまな課題を抱える友だちと過ごした6年間で『積極的な優しさ』を身につけた」と感じた。

「自分を支えてくれる家族や周りの人に恩返しをし、すてきな女優さんかタレントさんになりたいです」。そう夢を語ったイツキはダンスが得意な女の子。2学期の11月にあった文化祭で、6年1組はミュージカルに挑戦することになり、イツキは振り付けを考え、ピアノの得意なヒナタらと一緒にクラスをまとめた。だが、ダンスの発表会と重なり、当日は欠席。その時の複雑な思いを作文に綴った。

おめでとう!!　そしてごめんね。

イツキ

11月4日?　ぐらいから、安井祭の練習が始まりました。最初は正直いやだな。って思った事もありました。でも用意や練習をしている時どんどん楽しくなってきました。ちょうどその頃に私が安井祭に家の用事で出れない事がわかりました。私は本番出れないのがわかったので、練習を頑張ろうと思いました。その日からイライラする事がいっぱいありました。でも練習最後の日私は大丈夫かなとか色々思ってました。でも劇を見ると最初とはぜんぜんちがう劇が見れたので楽しかったです。とくに、最後の歌、皆でうたう「おそすぎないうちに」を聞いてたら、「明日安井祭出たかったな。」と思いました。

そして次の日（本番）私は朝の7時30分に家を出てダンスに行きました。その頃多分安井祭の準備をしているのかな。と思いながら、ダンスの本番がきて踊ってました。そして、1日がすぎて、次の日私は、ダンスで学校に行けなかったです。そして次の日、学校に来た時「安井祭でしたミュージカル成功したよ。」って皆が言ってて、私はうれしかったです。練習では、皆バラバラで皆もめたりして嫌になったりしてたけど、本番では成功していいミュージカルができて良かったね。と思いました。

当日出れなくて、皆にめいわくかけて、ダンスクラブでは、私が出ないから津田さんも出なかったし、本当に皆にめいわくかけたなと思いました。

皆当日、成功して良かったね!!　おつかれ様　当日出れなくて、ごめんなさい。

ダンスの練習で疲れ、授業でうとうとすることもあったイツキ。2学期末の「読み」の授業で自分の作文が取り上げられてから、授業に対する姿勢が見違えるように変わったと勝村はみる。「読まれたことでクラスでの役割を自覚できた。自分がなくてはならない存在だと思えた時、生活が積極的になるんです」

クラスで一番背が高いシュリと、6年生の4月に転校してきたイッセイの男子2人は、卒業式の練習で将来の夢を言えなかった。ヒナタとアヤミが思いを聞き取り、「本番ではちゃんと言いや！」と紙に書いて2人に渡した。それは図らずも同じ夢だった。

「中学に行って勉強をがんばり、勝村先生みたいな立派な教師になりたいです」

シュリは少し顔を赤くしながら、はっきりとした口調で宣言した。

イッセイも教師になりたいと言い、少し早口でこう付け加えた。

「理由は、勝村先生に憧れたからです。バカなこととかしてたのに、そのおれを見捨てずに、教えてくれたりしたからです」

こみ上げるものをこらえながら、勝村は静かにうなずいた。

式が終わり、子どもたちは慣れ親しんだ教室に別れを告げ、巣立っていった。黒板には、勝村が卒業生に贈るためにチョークで書いた自作の詩が残された。

命　心　目　　　　勝村謙司

尊い命

大小はない
人の命も大切にできる
人であってください

美しい心
やさしさは　強さ
心が通じ合える
人であってください

きれいな目
本質の見える目
真実を追求できる
人であってください

みんなの　命　心　目を
だいじにしていける
人であってください

友との時間、そして作文を通じて学んだことを忘れないでほしい。言葉一つひとつに思いを込めた。

8 新聞連載を終えて

安井小を1年間にわたって取材し、2016年3月に新聞の連載記事にまとめた。その当時に綴った「取材後記」をほぼそのままここに掲載する。

取材を始めたのは2015年5月のこと。勝村謙司先生が担任をする6年1組で、作文の「読み」の授業を見学し、そのにぎやかさに驚いた。子どもたちが次々と手を挙げ、誰かが発言するとすぐに別の子がツッコミを入れる。時には反論したり、同意したり。勝村先生は3～5年生のクラスでも「読み」の授業をするが、自分の思いはここぞという場面でしか言わず、あとは議論のきっかけづくりや、言葉を引き出すことに専念していた。

作文の授業は原則、月2コマで、主に国語の時間を使い「書く」と「読み」の授業をする。

安井小では手間のかかる作文の授業をなぜこんなに長く続けてきたのか。それを探るため、時間の許す限り教室に通った。

授業で作文が取り上げられた子はその時間、クラスの主人公になる。転校生のケント君はしばらくクラスになじめずにいたが、作文に趣味の釣りのことを書き、それを勝村先生が取り上げ、クラスみんなで話し合った。彼の知られざる一面を知ってまわりの子も親しみを感じた様子で、この授業がきっかけで、次第にクラスになじんでいった。

「押しつけ」がないのも安井小の特徴だ。授業中に書く気にならなければ読書をしてもいいし、休み時間に書いていても、家で書いてもいいし、添削もしない。教師は最低限の文法や漢字のまちがいを指摘するだけで、後は好きに書かせ、いわゆる「上手な作文」は求めない。勝村先生は「ミスを指摘すると、せっかく子どもが書こうと思った気持ちに水を差すから」と話す。

取材を進めるうち、作文が効果を発揮するのは、授業以外のところできちんと子どもたちと向き合っているからだと気づいた。やんちゃな子、授業に集中できない子も決して見捨てず、根気よく指導する。時には授業を止め、その子と話し合う。おとなしくまじめな子たちはその間、じっと話し合いを聞く。「あーあ」とため息をつくこともあるが、騒ぐ子がいれば互いに注意をしていた。

子どもと真剣に向き合っているのは勝村先生だけではない。安井小ＯＢで昨秋に教育実習で６年１組に入った当時大学４年の神谷侑弥さんは、給食の時間で起きたある出来事が印象に残ったという。

友だちとじゃれていた男の子が牛乳パックを投げて床に落ち、中身が飛び出した。勝村先生が叱ると、興奮状態になって騒いだため、神谷さんと2人で職員室までその子を連れて行った。女性の養護教諭が「どうしたん」と言って背中をさすってなだめ、勝村先生が会議室でその子と話し合う間、別の先生が教室に行って代わりを務めた。

神谷さんは「何かあればすぐに先生たちが飛んできてくれた。それは昔と変わらない」と感心していた。

また、放課後には神谷さんの前で先生たちが子どもの話題をして盛り上がっていた。「今月のあの子の作文いいな。だいぶ変わってきたんちゃう?」と勝村先生が言うと、担任の若い先生が「そうなんですよ。授業でも前向きになってきて」とうれしそうに答えていた。教師同士の絆の深さが子どもたちを支えていると感じたという。

3月16日の卒業式。6年1組の32人は壇上で将来の夢を発表した。看護師、料理人、ギタリスト…。多くの子が「お客さんを楽しませたい」「人の役に立ちたい」「みんなを笑顔にしたい」と付け加えた。自分だけでなく、まわりの人のことも考えようとするその姿勢に素直に感動した。

「教職とは生きることを励ます仕事です」。取材中に聞いた阪口博之校長の言葉を思い出す。先生たちが6年かけて注いできた愛情によって、優しく思いやり深い子に育った。そう感じた卒業式だった。

2章

私が出会った安井小の子どもたち

勝村謙司

安井小に勤めて14年目になります。どの学年にも、担任をした子にも、していない子にも、思い出深い子はたくさんいます。でも、この本の中で全員を紹介することはできません。

そこで2章では、親子の成長、厳しい家庭環境、不登校、いじめという4つのテーマを含んだ子どもたちの物語を、彼らの書いた作文とともに紹介したいと思います。

Ⅰ

リキヤも育ち、お母さんも育った

朝日新聞大阪版に連載された「安井小　こころの作文」（本書1章）は、宮崎亮記者が2015年度の1年間、私が担任した6年1組の教室に通って書いた記事です。登場する子どもたちは全員、実名（カタカナ表記）で掲載されていますが、クラス32人のうち、一人だけ紙面上に名前を出すことができないと判断した子がいました。

リキヤです。

2年生の3学期に安井小に転校してきました。弟を含めた母子3人で引っ越してきたのですが、背景に複雑な事情があったため、新聞の紙面で名前を出すことはできないと判断しました。ですが、新聞連載が始まった頃から状況が落ち着き始め、それから2年近くが経っていること、本人とお母さんも実名掲載を希望していることから、今回、リキヤの話を実名で書くことにしました。

転校当時、前の小学校の校長から「やんちゃで手が付けられない」と連絡がありました。授業中も休み時間も、教師や友だちの発言にしつこいほど反応し、絡んでくる。私が教務主任を兼ねながら担当していた作文の時間や算数の少人数指導の時間でも、同じでした。授業は無視して好きな本を読んでいる。教師から少し注意されると暴れ、翌日は学校を休む…。

3年生になっても友だちとはけんかばかりでしたが、女性の担任教諭の言うことはよく聞くようになり、教室で穏やかな表情を見せることが増えました。彼女がリキヤの思いを受けとめ、丁寧に話を聞き続けたからだと思います。当時、教務主任だった私も作文の授業や国語と算数の少人数指導でリキヤと接する機会が多く、リキヤとの関係も良くなりました。しかし、友だちとのトラブルにお母さんが入ってくると問題がこじれ、4年生までは欠席が多くなりました。5年生になると、リキヤも成長し、友だちとのトラブルも減り、お母さんが学校に連絡してくることも減りました。

しかし、5年生の3学期にこんなことがありました。

当時6年生の担任だった私が4階の教室で授業をしていると、1人の男子が運動場を見ながら大声で言いました。「先生、リキヤが遊具の一番上から何か、叫んでるで！　あれ危ないで！落ちたら、下手したら死ぬで！」

すぐに駆けつけ、その場にいた担任と保健の先生と一緒に降りてくるよう何とか説得しました。仲の良かった友だちとけんかし、「キチガイ」と言われたことが理由でした。リキヤから本心を聴いた担任が間に入ってお互いに謝り合い、リキヤも落ち着いて授業に戻りました。

ところが、しばらくしてお母さんが迎えに来ました。リキヤが遊具の上から「帰りたい」と携帯で電話していたのです。

正門のところで、教頭と担任が応対しました。

「リキヤ連れて帰るから。帰る用意させて」

「先ほど、リキヤ君も落ち着いて、もめた友だちと話ができました。心配しないでお帰りください。お願いします」

「リキヤ、キレたらすごいやろ！　学校で面倒見るの、無理やろ。はやくリキヤをここへ連れてきて」

「いや、それは困ります」

「そしたら、リキヤの面倒みれるんやな？　どうせリキヤ嫌われているんやろ。クラスの子からも先生らからも。本当は、連れて帰ってほしいんやろ？」

私のいる4階まで聞こえる大声です。リキヤもいつの間にか正門付近にいます。私は授業を止め、隣の5年生の教室からジンを連れて正門へ駆けつけました。5年生で転入してきたジンは、心の優しい男の子です。友だちともめてばかりのリキヤの気持ちを理解し、リキヤにも周りの子にもきちんと注意ができる子でした。

私は、お母さんに、リキヤのことを理解してくれる友だちもでき、リキヤもそういう友だちのことを大事にできるようになってきているので、もう少しこの5年1組のみんなに任せてもらえるように言いました。

お母さんは少し驚いた後、「あんた、誰や」と尋ねました。すかさずリキヤが「勝村先生や」と言います。

「あんたが勝村か。リキヤから聞いてる。でも、ほんまにリキヤのこと思ってくれている友だちがおるんやったら、今日だって『迎えにきて』って電話かけてこないやろ」

私は言いました。

「います、ここに。ジン、今の気持ち、リキヤのお母さんに言ってあげて」

ジンが続きます。

「リキヤと仲良くしたいし、一緒に勉強もしたいから、リキヤのお母さん、連れて帰らんといてや。リキヤも戻ってきてや！」

私は胸がいっぱいになり、次の言葉が出てきませんでした。お母さんがリキヤに尋ねます。

「どうするんや。帰るんか。お前が決めや」

「おれ、おるわ」。リキヤはそう言ってジンと肩を組み、笑顔で教室に戻っていきました。

リキヤが6年生になると、私が担任を受けもつことになりました。始業式から登校してくると、驚いたことに、児童会の役員候補に自ら手を挙げ、選ばれました。こんなことは初めてでしたが、リキヤはその時、おそらくクラスの一員として、何かの係活動をしたかったんだと思います。

ところが始業式から3週間後、大変な事件が起こりました。

朝、私が出勤すると、教頭が顔色を変えて電話をしています。受話器を置くと、

「勝村先生、すぐリキヤのところに行って。リキヤが昨日の夜から母親とけんかして家を飛び出し、まだ帰ってきてないらしい」

リキヤの自宅に駆けつけると、お母さんが興奮気味に言いました。

「リキヤの態度がこの頃あまりにも悪いので、昨日とうとう、『そんなに言うこと聞けないんやったら、施設にもどすぞ』と言ってしまった。弟をお風呂に入れている間に家を出たみたいで、帰ってこないねん」

お母さんと自宅近くを1時間余り探しても見つからないため、近くの交番に相談に行きました。その帰りにリキヤの自宅に寄り、初めてお母さんから落ち着いていろんな話を聞くことができました。リキヤがかつて通っていた小学校で、先生も手をつけられないくらい暴れて児童相談所の一時保護所に入ったこと、引っ越さなければならないほどのひどい状況のこと――。

話が終わり、一度学校に戻ってからリキヤを探します、と告げると、お母さんは言いました。

「先生、ごめんな、迷惑をかけて。先生、お願いするね！　本当にごめんな！」

お母さんと校長の了解を得て、3時間目の授業の冒頭、6年1組のみんなに協力を呼びかけ

ました。

「リキヤが昨夜から家に帰っていません。原因はお母さんとのトラブルです。今見つけてあげないと、ますます家に帰り辛くなります。リキヤの最近の様子を教えてください。あと、今どこにいるか心当たりのある人はいませんか？」

クラスの何人かの話から、リキヤはこの1週間、お母さんへの不満をかなり口にしていたことがわかりました。「家に帰りたくない！」「家を出たら、秘密基地で寝る！」と言っていたとのことでした。

その後、私も他の先生方もリキヤを探し続けましたが、見つかりません。途方にくれていると、リキヤと仲の良いイッセイとユウスケが職員室にやってきました。2人とリキヤが少し前まで一緒にいたことは、イッセイの母親からの連絡でわかっていました。2人は言いました。「学校に帰ろうと何回も言ったけど、リキヤはやっぱりどうしても嫌やって。先生、あのおかんでは、リキヤ絶対にいややと言っていたで。何とかしてあげてや、リキヤがかわいそうや！」

午後8時ごろにイッセイの母親から私の携帯電話に連絡があり、リキヤがイッセイ、ユウスケと一緒に銭湯に行っていることがわかりました。私を含めた3人の教職員で近くの銭湯を探し、ようやくリキヤを見つけました。だが、自宅に帰るよう説得しても暴れ回ります。騒ぎに驚いた銭湯のご近所の方が、交番に連絡し、警察官2人が駆けつける騒ぎになりました。

警察官からリキヤと一緒に警察署に来るよう言われ、私はリキヤとリキヤの元担任と警察官たちと一緒に警察署へ行きました。到着すると、少年係の警察官がリキヤと部屋で向き合い、話を聴こうとしました。でも、リキヤは「ボケ、ボケ！」と抵抗し続けます。私が入ると、泣きながら私の顔を殴ってきます。でも、本気で殴ってはいません。（先生、おれ、どうしたらいいねん。何とかしてや！）。私にはリキヤがそう叫んでいるように見えました。

リキヤのお母さんが警察署に着きました。「先生、私が悪かってん。リキヤに会わせてくれるように警察官の人に話してや！　先生、お願いやから！」。でも、その日は会わせないほうがよいと判断されたようで、リキヤは私の付き添いのもと、児童相談所の一時保護所に向かいました。そこでやっと2人きりになれたので、聞きました。

「どうしても家に帰るのいやか？　その気持ちは変らないんか？」

「うん」

「そうか。苦しかったんやな。先生、そこまで苦しんでいるリキヤの気持ちをわからないで、追いかけたこと、悪かったなあ！　ごめんなリキヤ！」

私はリキヤを抱きしめながら、続けました。「学校のみんなには会いたいか？」

リキヤは言いました。「うん。おれ、学校には行きたいねん！」

結局、リキヤは3週間後に自宅に戻って再び学校にやってきて、3日後には体育大会に参加しました。児童会役員として校旗をもって入場し、すべての出場種目に全力を出し切りました。

直後の作文の時間でこう書きました。

体育大会　　6年　リキヤ

5月24日体育大会があった。

ぼくのさいごのうんどうかいです。

まずさいしょに、うんどうかいのうたをうたった。おもいっきりうたった。

つぎにきばせんをした。さいしょは、そうごうせんだった。まけた。

つぎに一きうちでもまけた。そのつぎ大しょうせんでもまけた。くやしかったけどたのしかった。

つぎに一〇〇m走があった。3位やったけど四位にならなくてよかった。

さいごにくみたいをした。にんげんおこしとピラミッドができてうれしかった。たのしかった。

そしてうんどうかいはおわった。

たのしかったです。


「ぼくのさいごのうんどうかいです」「うんどうかいのうたをうたった。おもいっきりうたった」――。そして短い作文の中に「たのしかった」が3度も出てきます。学校中で一番はしゃいでいたのが、リキヤでした。

「にんげんおこし（人間起こし）」とは、1人を9人が下から支え、立たせたり寝かせたりする組体操の大技です。上に乗る予定だった小柄なリキヤが、学校に来なくなってしまったため練習ができず、リキヤが戻ってきてから何とか当日に間に合わせました。クラスの子どもたちは、リキヤの今回のことをうすうす知っていたと思います。リキヤもがんばりましたが、そのがんばりを支えたのは、クラスのみんなの優しさです。

お母さんからは、体育大会の当日の夜に電話をもらいました。「人間起こし」に感動したということで、途中から涙声になり、言いました。

「かっつん、リキヤともう一度やり直す。できるやろか？　…でも、やってみる」。お母さんは、いつの間にかリキヤと同じように私のことを「かっつん」と呼ぶようになりました。

その後、リキヤはサッカークラブの朝練に来るようになり、宿題も欠かさずやってくるようになりました。好きだった算数の時間では、友だちに教える姿も見られるようになりました。

ですが、それ以上に変わったのがお母さんです。しばらくは数日に一度のペースで学校に電話があり、私にリキヤの様子を聞いていました。3週間後くらいに自宅を訪ねると、驚きました。失礼かもしれませんが、前に訪ねた時とうってかわって、家の中が整理整頓されていました。カレンダーにはリキヤの学校行事の予定も書いてありました。

郵便はがき

602-8790

料金受取人払郵便

西陣局
承認
7080

差出有効期間
2019年7月
31日まで

（切手を貼らずにお出しください。）

（受取人）
京都市上京区堀川通出水西入

㈱かもがわ出版行

注文書

ご注文はできるだけお近くの書店にてお求め下さい。
直接小社へご注文の際は、裏面に必要事項をご記入の上、このハガキをご利用下さい。
代金は、同封の振込用紙（郵便局・コンビニ）でお支払い下さい。

書名	冊数

ご購読ありがとうございました。今後の出版企画の参考にさせていただきますので下記アンケートにご協力をお願いします。

■購入された本のタイトル	ご購入先

■本書をどこでお知りになりましたか?

□新聞･雑誌広告…掲載紙誌名（　　　　　　　　　　　　）
□書評･紹介記事…掲載紙誌名（　　　　　　　　　　　　）
□書店で見て　□人にすすめられて　□弊社からの案内　□弊社ホームページ
□その他（　　　　　　　　　　　　）

■この本をお読みになった感想、またご意見･ご要望などをお聞かせ下さい。

おところ　□□□-□□□□　☎

おなまえ（フリガナ）	年齢	性別

メールアドレス	ご職業

お客様コード（6ケタ）							お持ちの方のみ

メールマガジン配信希望の方は、ホームページよりご登録下さい（無料です）。
URL: http://www.kamogawa.co.jp/
ご記入いただいたお客様の個人情報は上記の目的以外では使用いたしません。

さて、なかなか大変なリキヤですが、彼の魅力の一端を示すエピソードを紹介させてください。10月、伊勢・志摩への1泊2日の修学旅行のことです。

初日の夜、旅館近くの土産物屋街での買い物の時間がありました。あるお店に、お客さんへの軽妙な呼び声でしられる、店主のおじさんがいました。

「さあ、そこの賢そうなお兄ちゃん、きれいなお姉ちゃん！　これ買ってくれるかな。今日はひとつおまけをつけ、修学旅行の思い出に安くしとくよ、さあ、買った、買った…」

リキヤはこのおじさんが気に入り、上手に物まねをしてお客集めに一役買いました。そんなリキヤをみて、店の女将さんが言いました。

「先生、私長い間商売してきていろんな修学旅行生の子見てきたけど、こんな子初めて見たわ！　やんちゃやけど、かしこい子やね。きっとクラスの子らもみんないい子なんやろね！」

リキヤはこの後、新たな転校生のケントをめぐる問題や（1章参照）、文化祭の「安井まつり」を通してクラスのみんなと、どんどんこころを通わすようになっていきます。授業中、思ったことをすぐ声に出してしまうところは、なかなか直りませんが、徐々に周りの子からの注意を聞けるようになっていきます。

卒業アルバムに掲載された、リキヤの卒業作文です。

思い出と将来の夢

6年　リキヤ

僕は、二年生のころにきました。二年生では、たくさんおこられました。

そして、三年、四年となるごとに学校がおもしろくなくなり、悪いことをするようになりました。その分、担任の先生におこられました。でも、そのおこられた回数だけ成長できました。

そして、五年、高学年になって、ケンカとか少なくなりました。

そして、六年、最後の一年間、ケンカとかあったけど、楽しかったです。

ついに、卒業を迎えることになりました。

今、ふりかえって一番楽しかったのが、六年の時です。修学旅行でした。とくに、スペイン村が、楽しかったです。どこが、楽しかったかというと、人生初のジェットコースターです。こわかったけど二回目から楽しかったです。

卒業して中学校へ行ってもがんばりたいです。

何をがんばりたいかというと、クラブ活動です。とくに、サッカークラブをがんばりたいです。

そして、僕の将来の夢は、ボクシング選手になることです。なぜなりたいかというと、楽しいし、お母さんに楽をさせてあげたいからです。

僕の将来の目標は、ボクシングの試合で、全勝したいです。
プロしけんに、不合格だったら、一年後、もう一回、がんばりたいです。一年のあいだ、バイトでもして、お金をかせいどきます。なんのバイトをしたいかというと、時間給が多いバイトをしたいです。

中学校へ進んだリキヤは、安井小に入学した6歳下の弟の送り迎えをしていました。その時に職員室を訪ねて弟の様子を聞きに来たり、弟が入っている学童保育の預かり所に顔を出し、小さい子と遊んだりしていました。とにかくリキヤは、小学校時代から、低学年の子どもの面倒をみることが好きで、よく休み時間にサッカーを教えていました。

そして、リキヤのお母さん。リキヤが中学校へ入学してしばらくして、携帯電話のＬＩＮＥで、リキヤに作ったお弁当の写真と、こんなメッセージを私に送ってきました。

「リキヤのお弁当完成！　ごはん多いいうから少なめにしておかずを多いめに入れたよ！　どうせリキヤの友だちがだいたい食べるみたいやから。

はよ～起きて作ったんやから自分でたべよなあ～先生！」

2 マナトの「なくなった母」

2016年3月、安井小の卒業式の前日のことです。その3年前に卒業したマナトが職員室まで私を訪ねてきました。翌月から高校に進学すると報告してくれました。

「勝村先生、お母さんとの夢を実現するため、がんばって私学に合格したよ。お墓に手を合わせて報告してきた。お母さん喜んでくれているかなあ」

私はマナトが在学していた6年間、教務主任を務めながら、全学年の作文指導を担当しました。

マナトは4年生の4月、新学期早々にこんな作文を書きました。

なくなった母

4年　マナト

この前お母さんが、急にいなくなって、ずっと家中さがしました。その時は、朝一時でした。

ねようとしてもねれなかったので、ひまやし下にいったら、だれもいませんでした。また上にいきました。それで、ねたら、ガチャンとなって、びっくりして、こわごわ下に行きました。それで、のぞいたら、おばあちゃんでした。

「あれ、じいちゃんは？」と聞きました。おばあちゃんが、

「病院！」と、言って、

「え、なんで。」

て、言ったら、

「お母さん入院した。」

そのとき、（えっ。）って思いました。

そのあと、ぜんぜんねれませんでした。三時ごろまで起きていました。

そして、上にいってふとんのほうにいって、ねてたけどなかなかねむれませんでした。そして、一時間ぐらいたってねました。

つぎの朝学校が始まって、行ったとき、昼すぎに家に電話が、かかってきたそうです。もう血えきが、通らなくなって、なくなって、学校から帰ってきて、おばあちゃんが、

「お母さん、なくなってん！」

っと言いました。

そして、日曜日にそう式して、帰りました。こんど5月5日にお母さんは、あの世へいき

ます。

マナトの担任になったばかりの本田浩司先生が、驚いて私のところにこの作文を持ってきました。マナトのお母さんが3月の春休み直前に亡くなったことは全教職員が知っていましたが、果たしてこれを文集に載せてよいのだろうかと、本田先生も私も悩みました。

マナトは、作文が文集に載ることは承知の上で書いたはずです。覚悟を決めて書いたのであれば、ぜひ載せてあげたい。でも、ご家族はどう考えるだろうか。3月までマナトの担任だった宮崎典子先生にも相談しました。結局、現担任の本田先生がマナトの祖父母と相談した上で、文集には4月に書いた別の作文を載せることになりました。（安井小では1カ月に2つ以上の作文を書きたい子には書かせるようにしています。文集にどれを載せるかは、書いた本人が決めます。この時は、本人というより、ご家族に決めていただきましたが……）

法事　　　　4年　マナト

この前、お母さんの法事がありました。そして、おまいりをして、終わって立ったら、めっちゃ足がしびれました。

そして、ひる、こうきゅうりょう理を食べました。あんまりすきなりょう理は、なかったけど、いちおう食べました。

食べ終わったあと、すわの森のおばあちゃんとゲームをしました。

楽しかったです。


マナトは、男女の双子の兄として生まれてきました。妹は、生まれた時から重い病気を抱えています。お母さんが女手一つでマナトと妹を育て、マナトの小学校入学と同時に安井小校区で飲食店を開いている母方の祖父母の家に引っ越してきました。お母さんはお店の手伝いをし、マナトは安井小に、妹は支援学校に通い始めました。

2年生の時、担任から「マナトは下校時になると『頭が痛い』と言うので心配だ」と聞き、家庭環境を心配したこともありました。それでもマナトは優しい穏やかな子だったので、友だちも多く、学校では楽しく過ごしていました。

次の作文は3年生の2月に書いたものです。

みせのお手伝いとつぎの日

3年　マナト

このまえみせのおてつだいをしました。

なんかいもやっているとお客さんに、「いっぱいしごとしているね。きみなんねんせい。」

と聞かれました。

それで、「3年」と、いいました。

「すごいね」といわれました。

つぎの日に木刀とむかしのカメラとおめんとビデオカセットをみました。

おもしろかったです。


お店の手伝いをしていることに誇りを持っているのがわかります。偉いマナトです。

ところが、この作文を書いた翌月、春休み直前にマナトのお母さんは亡くなります。担任の宮崎先生は、お葬式の後の連休明けに登校してきたマナトの様子が忘れられないと言います。

朝の会が始まる前、マナトは宮崎先生に「クラスのみんなに話したいことがあります」と申し出て黒板の前に立ち、落ち着いた様子で「ぼくのお母さんが死にました」と話したそうです。クラスのみんなはただ黙って聞いていたとのことでした。

作文「なくなった母」は文集に載ることはありませんでしたが、こうしてクラス全員がマナトのお母さんが亡くなったことを知ったのです。

そしてマナトが、7月に書きました。

ホタルを見にいった

4年　マナト

この前おじいちゃんと行ってきました。はじめにホタルを見ました。中に入るとホタルが目の前にいました。ずっとすすんでいくと外がわのほうにホタルがいっぱい集まっていました。きれかったです。もうちょっとすすんでいくと目の前にあった木にいっぱいホタルが集まっていました。そして出口にいって、出たらホタルがにげていっていました。

そして、帰りにカステラを買いました。おじいちゃんに五百円もらって帰りました。家についていて、同じビルの花という店にいってきました。みんなでカステラを食べました。あと一ふくろは、お母さんにおそなえをしました。

その後店に行って、お手伝いをしてました。店を十時に閉めて、テレビを見て、歯をみがいて、ふろに入って、ねるころは、もう十一時三十分ぐらいでした。すぐにねました。

題がホタルですが、マナトは、一緒に住んでいるおじいちゃんとホタルを見に行ったことを書きたいのです。帰りに買ったおみやげのカステラを、みんなで食べる場面では、亡くなったお母さんも一緒です。

この作文を、授業で取り上げてクラスみんなで読み合いました。母を失ったマナトが、祖父母と仲良く暮らしていることをみんなに知らせたいと思ったからです。

子どもたちからは「優しい、いいおじいちゃんだと思った」「店のお手伝いをしているマナトくんが、えらい」などの声が上がりました。「どんなお手伝いをしているの?」という質問も出ました。

「よごれた食器を洗ったり、注文を聞いたり、ビールを運んだりしている。レジはおばあちゃんがしているから、ぼくは、しない」

マナトはうれしそうに答えると、他の子たちが「わたしもお店のお手伝いをしている」「お肉をお皿にのせて運んでいる」などと、次々に発言しました。


次の作文は、マナトが「なくなった母」を書いたのと同じ4年生の4月に、マナトと仲の良かったアヤカが書いたものです。アヤカは、3月にマナトがみんなの前で母親が亡くなったと話した後、休み時間にマナトの席にやってきて、「マナト、お母さん死んでんなあ。私もお父さんおれへんねー。同じようになったなあ」と話しかけた女の子です。

みさき公園にいった

4年　アヤカ

わたしは、4月10日にみさき公園にいきました。

ナナミとママとパパでいきました。

さいしょに、キップをかって、でんしゃにのって、30分ぐらいしたらつきました。1分ぐらいあるくと、みさき公園の入り口がみえて中に入りました。ジュースをかいました。わたしは、ファンタのオレンジです。

さいしょののりものは、ひこうきです。

いちばんおもしろかったのは、イルカショーです。おひるごはんを食べて、またのりものをのりました。5時ぐらいになると外へでて、でんしゃのほうまであるいていったら、でんしゃがきてのりました。よるごはんもいっしょにたべました。そして、タクシーでナナミのいえのまえまで、おくってかえりました。

夏は、プールに入りたいです。


アヤカが入学以来初めてお父さんのことを書いた作文です。アヤカは幼稚園の年長の時にお父さんと別れ、訳が分からないままお母さんに手を引かれて安井小校区に引っ越してきました。私は、アヤカが1年生の5月の連休明けに絵日記を書いている時、突然「お父さん、家に帰ってしまってん。しばらく会えない！」と泣き出したのをよく覚えています。

5月には、よりはっきりとお父さんのことを書いてきました。

おとうさんの家にいった

4年　アヤカ

わたしは、おとうさんの家にいきました。

とても楽しかったです。はじめに、家に行って、つぎの日、なんばのえい画を見に行きました。クレヨンしんちゃんを見にいきました。とてもおもしろかったです。お昼ごはんは、ぎゅうどんです。とてもおいしかったです。クレヨンしんちゃんのえい画の時間は、午後二時から四時まで見てました。家に帰ったら夜ごはんを食べました。それは、カレーです。わたしは、チーズカレーを食べました。おとうさんは、ウインナカレーを食べました。とてもおいしかったです。九時ぐらいにねました。朝の四時二十分ぐらいに、スーパー玉出にいきました。ラーメンを買いました。つぎもえい画を見に行きました。ジェーボーをかってもらいました。えい画は、アリスです。とてもおもしろかったです。そして、ほんとの自分の家に帰りました。

さすがにこの作文をそのまま文集に載せるのは、躊躇しました。アヤカのお母さんやクラスの保護者が読んだらどう思うだろうかと悩みました。担任の本田先生とも相談し、アヤカの了解のもと、題を「おとうさんの家にいった」から「おとうさんといっしょ」に、最後の一文を「ほんとの自分の家に帰りました」から「家に帰りました」に変え、文集に載せました。

掲載時に作文の内容を修正したのは、私が作文指導をしてきた十数年の中でも、この時を含めて2回だけです。

この判断が正しかったのかずっと気になっていたのですが、今回この本を書くにあたってアヤカと話をすると、「元の文のまま載せてほしかった」とのことでした。

マナトがみんなの前でお母さんが亡くなったことを話したのを聞いて、「お父さんのことをクラスのみんなに知ってもらうことで、がんばっていこう」と決意したのだそうです。お父さんのことを書いた2つの作文が載った文集を、お父さんに届けにいったそうです。アヤカのお父さんは、中学校の卒業式に出席したそうですが、「小4の時に文集を届けにいったから、お父さん、出席してくれたんだと思う」と言いました。

このクラスは、マナトやアヤカ以外にも、自分の生活の中から辛いことや楽しいことを素直に書いてくる子が出てきました。そのいくつかを紹介したいと思います。

ルリが4月に書きました。

赤ちゃんのようす

4年　ルリ

わたしには、赤ちゃんがいます。その赤ちゃんの名前は、「蓮斗《レント》」っていう名前の男の子です。とってもかわいくて、みんないやされ気分です。レントには、いま、しっしんみたいなぶつぶつが出ています。そして病院に行く、おくすりをもらってました。その味は、「シロップ」です。朝・昼・ばん、にのませます。とってもおいしそうです。レントをおふろに入れるのは、お父さんです。ときどきお母さんが、入れるときもあります。お父さんが入れる時は、おふろでねたりします。でも、おふろにおる時、とってもおもしろいことをします。それは、「おふろで運てん」です。目をつむりながら手を前にもってきて、バランスをとってるみたいだったから、みんな、

「車をうんてんしてる、ちっちゃいおっさん」

って言います。そしたら、レントが、口を動かせます。いつもみんな大わらいです。そして、お母さんが入れるときは、ねたり、うんてんしたりしません。ふつうの顔をしています。

おふろから出て、服を着せます。そして、だっこをします。まだ首がすわってないけど、首をもってだきます。はいてしまったらガーゼでふきます。とってもかわいいし、おもしろいです。ねるときや起きたときや学校に行くときに、「おやすみ」や「おはよう」や「いってきます」っていって学校にいったりします。

レントは、るり家のアイドルです。

もっと赤ちゃんのことを分かりたいです。

これから家ぞくは、六人家ぞくになりました。

読んでいるだけで、幸せになります。ルリは赤ちゃんから目が離れません。この作文も授業で取り上げ、クラスみんなで読み合いました。「わたしのうちにも赤ちゃんがいます」「癒やされ気分です」など、みんなが楽しげにたくさん発言しました。ルリもうれしそうにうなずいていました。作文の授業だからできる、うれしさの共有です。

次に5月に書いた作文で、もう1つこころが温かくなる作文がありました。リンカが書いた作文です。

日曜日　　4年　リンカ

日曜日、さいきんは、お父さんが帰ってこれない時があるので、そういう時は、わたしと、姉と、お母さんと、パンを作ったり、この間は、バナナケーキを作りました。

パンを作って、たいへんなことは、パンをこねることです。こねるには、力がとっても必要なので、だいぶしんどいです。でも形を作ったりするのは、楽しいです。一回目は、オリーブパンを作って、二回目は、ロールパンを作りました。ロールパンは、ウインナーや、レーズンを入れました。とてもおいしかったです。

バナナケーキは、バターを少しずつまぜながら、とかしていくのが、たいへんです。けど、パンよりは、かんたんです。バナナケーキは、ほとんど焼いています。だから、その間は、使った物の洗い物をします。きじがくっついている時が、多いので、洗うのがたいへんだけど、おゆを使えば、すぐとれます。

出き上がって、少しまってから、食べます。焼きたてなので、すごくおいしいです。

お父さんも、「おいしい。」と、言ってくれます。

また、いろいろなものを作りたいです。

リンカのお父さんは単身赴任で、週末にも帰ってこられないことがありました。この作文も授業で取り上げました。「お父さんと会いたかったリンカやお姉さんの会えない寂しさをなんとかしようと、お母さんがパンを作ろうと言ったと思う」という意見が出ました。最後のお父さんの「おいしい。」について私が「おいしいのは、味だけですか?」と聞くと、「家族の協力」「優しさ」「お父さんにおいしいものを食べさせたい気持ち」などの発言が出ました。

9月の夏休み明けの作文の中に、驚いた作文がありました。マナトと仲よしのレンが書いた作文です。

夏休み最後の初体験

4年　レン

ぼくは、八月二十八日（土）に日高川に行きました。

川には、車で行きました。ついたらとつ然、深い穴にタイヤをはめてしまいました。そして、「どうしよう」ってなやんでいたら、よその人が、穴からぬけ出す方法をおしえてくれたので、やってみたら、ぬけ出すことができました。ぼくは、車の中で水着に着がえて、さっそくうき輪を持って、川で遊んでいると、父さんに「エビをとるから、手つだってくれ！」って言われたのでやりました。

ほかにきてた人たちが、バーベキューの用意をしている間にまたうき輪をもって遊んでいると急に足が底につかなくなって、パニくって、うき輪からぬけて、おぼれました。

ここから記憶がなかったので、何があったか分かりませんが、ぼくが目をさました時に、父さんが、ぼくに、ぼくが、おぼれた後の話をしてくれました。聞くとぼくを見つけたのは、川の底で、父さんが、だき上げて助けてくれました。その時、心ぞうは、止まっていたそうです。いっしょにきていたみんなもパニックだったそうです。

でも父さんは、パニックになりながら心ぞうマッサージをしてくれたそうです。でもたくさん飲んでしまった川の水は、あまりはき出さなかったので、今度は、近くにいた男の人が、水をはかせながら人工こきゅうをしてくれました。そしたら水をたくさんはき出したので、心ぞうが少し動き出したそうです。後は、救急車の中で応急処置をしている時にドクターヘリが来て、病院に運んでくれました。

病院のHCUという部屋で救急チームの先生たちが、いろいろと治りょうをしてくれたそうです。その間、ぼくは、あばれまくっていたので、手と足と体をベルトでしばられていました。でもあばれるので、ほかのかんご士さんたちが、五人がかりでおさえつけていたそうです。手のこうにさした点てきのはりもぬけて、むらさき色にはれました。あまりあばれるので、ちんせいざいを足のつけ根にうたれました。肺の中の残りの水を出してきれいにしたり、頭と肺のCTをとったりしたそうです。

その日の夜にぼくは、目を覚ましました。すると鼻には、さんそのチューブ、足の指には、血の中のさんそのこさをはかる機械の線、体には、赤青黄色の三本の心電図につながる線がつながって、点てきも手首にしていました。目が覚めた時のぼくの第一声は、「おなかすいた」でした。母さんとかんご士さんは、顔を見合わせて笑いました。先生に聞いたら「ゼリーかプリンなら食べていいよ。」と言われたので、かんご士さんが、ゼリーをくれました。今まで食べたことがないくらいおいしかったです。ゼリーだけでは足らなかったので、母さんにプリンを買って来てもらって食べました。

一人でトイレに行けなかったので、九年ぶりに紙おむつをはかされていました。みんなが、「おむつにしてもいいよ。」と言ったけど、どうしてもできなかったので、かんご士さんに手伝ってもらって、移動式のトイレでおしっこをしました。

次の日の朝ごはんからおかゆとおかずとフルーツと牛乳を食べれるようになりました。その後に一般病棟にうつりました。それとまた、頭と肺のCTをとって、毎朝血をとって、血圧と体温をはかりました。ねむたいのに起こされていやだったです。トイレには自分で行けるようになったけど、点てきをうでにつけたまま、点てきを流す機械もいっしょにい動しなければいけなかったので、けっこうめんどくさかったです。四日間入院している間同じことのくりかえし、ねたままだったので、少したいくつでした。

四日目の昼にたい院することができました。父さんがむかえに来てくれるまでの間におばあちゃんが、先に来てくれました。おばあちゃんは、病院への来方を知っているはずなのに、たい院がうれしすぎて、電車を乗りまちがえて、来るのが、少しおそくなりました。ばあちゃんが、来てから三人で、病院の13F展望レストランでお昼ごはんを食べてから2Fのきっ茶店で、お茶を飲みながらUNOをしながら、まっていました。

病院からの帰り道に、ぼくを助けてくれた人にお礼に行きました。そこでぼくが、なぜ、こんなに早くこういしょうもなく、元気になれたかを教えてくれました。一つは、水の中から助けるのが早かったこと。心ぞうは、止まっていたが、すぐに水をはかせて、少しでも心ぞうを動かしたこと。ドクターヘリで一分でも早く病院に運べたこと。そのヘリが、どこにも飛ばずに入院した病院にいけたこと。事こが起こったのが昼だったこと。（夕方の五時をすぎるとヘリが飛ばないから）これだけのぐう然が、そろって、ぼくは、こういしょうもなく、たった四日で元どおり元気になることができたのです。帰りに助けてくれた人と四人で、その人のけいたいで写メをとりました。

最後にその人が、

「せっかく助かったんやから、体に気をつけて元気でね。よかったら、また川にも遊びに行ってね。」

と、言われました。その人のいる所にいる間、ぼくは、とってもきんちょうしすぎて涙が止まりませんでした。

その帰りに父さんが、ゲームセンターにつれて行ってくれました。そこで最初にしたゲームは、マリオカートで、次はシューティングゲームと最後にエアーホッケーをして、ゲームセンターを出ました。

それからおなかがすいたので、ぼくが、川原で食べそこねたやき肉を食べに行きました。そこでぼくが、一番食べたかった牛タンから食べ始めて、おなかがいっぱいになるまで、いろいろなやき肉を食べました。その後は時間もおそかったので、家に帰って久しぶりだったので、ぼくは、げん関で、「久しぶり！」と言って家に入りました。

マナトの母の死という悲しい出来事もあったので、命の大切さを知ってもらおうとこの作文を9月の授業で取り上げました。

読んでいく途中で、あちこちから驚きの声が上がりました。「レン大変や！」「死んでるやん」「そんなことない生き返っている」

そこで私は尋ねました。「レンが命を落とさずにすんだのは、どうしてですか」。お父さんが助けてくれたから。川の近くで泳いでいた人、ドクターヘリの人、たくさんの人が協力してくれたから。次々と発言がありました。

5月に「日曜日」という題で家族でのパン作りを書いたリンカは「おばあちゃんが、行き方を知っているはずの病院をまちがえてのところを読んで、レンが生きていることの喜びが伝わってきました」

私は「君たちは、家族の人はもちろん、こんなにたくさんの人に見守られて生きているんです」と言い、さらに、「自分の命が大切だと気づいた経験のある人、いませんか」と尋ねました。「難産だったけど、お母さんが必死で産んでくれた」「おもちをのどにつまらせた時、おじいちゃんが必死になってとってくれた」などいろんな話が出ました。中には、「ドクターヘリに僕も一度乗ってみたい」という子までいました。

この学年は1クラスの学年で、ほぼ同じメンバーで6年間を過ごしました。それに加えて、厳しい家庭環境で育った子が多かったからなのか、お互いへの思いやりがありました。だからこそマナトは4年生の春、自分の口からお母さんの死を伝えられたのだと思います。そして、それを聞いたアヤカが「お父さんの家にいった」を書き、他の子も次々と辛かったことやうれしかったことを素直に書くようになりました。さらに、そうした作文をみんなで読み合うことで、よりお互いに心を寄せ合うクラスになったのだと思います。

マナトは高学年になると、以前よりもたくさんの友だちの中に交じって行動することが増えました。委員会活動やクラブ活動、そして放課後の学童保育の預かり所では、下の学年の子から「マナト兄ちゃん」と呼ばれ、慕われるようになりました。

そして6年生の3学期。担任の稲舘義信先生が「こんな卒業作文初めて見た。これはやばい！」と涙目で私に見せにきました。卒業アルバムに掲載された、マナトの作文でした。

自分の好きな英会話

6年　マナト

自分が、英会話が好きな理由は、母の影響です。

母が、よく海外旅行をして、帰ってきたら、よく話をしてくれました。その思い出の一つに海外のお土産やいろいろ持って帰ってきて見せてもらったことがあったからです。今もずっと家にあって、一番うれしかったのは、カナダで買ってきてくれたもみじのしおりです。

自分が小さかったころなので、どうやってもらったか、英語でどのように話されたか、ぜんぜん覚えていません。でも、もらったときのうれしさは、一生忘れないと思います。だから自分も、海外旅行をしたいなと、思いました。いつかは、海外へ行って、外国の人と、いろいろな話をして、多くの友だちをつくりたいです。早く大学くらいにいきたいと思います。高等学校にいくぐらいまで、英会話を続けたいと思っています。

自分の感想は、この文を書いて、すごく母の影響が出たと思います。

三年のときは、母・妹・祖父母といっしょに行きたいなと思っていましたが、その願いはかなわず、母は帰らぬ人と、なってしまい、将来は、一人で行くか、妹の病気が治って、自分と二人で行きたいなと思っています。自分は、妹といっしょにアメリカとか、いろいろな国に行きたいです。理由は、母が、いろいろな国に行ったので、母に負けないぐらいいろいろな国にいきたいからです。早く妹の病気が治るように願っています。早くいっしょに外国にいきたいと思います。

私もこの作文を読ませてもらった時、涙が止まりませんでした。

マナトは地元の中学校へ進んで卓球部に入り、後輩の面倒をよくみていました。祖父母のお店の手伝いもがんばっていたようです。高校2年生となったいまも、安井小の学童保育の預かり所に、仲良しのレンと一緒によく遊びに来ます。

この本を書くにあたり、マナトに4年生の春のことを聞くと、「お母さんが亡くなったことをみんなに言えたから、なんでも話せる親友、先生ができたんだと思う」と言っていました。それからは、自分を育ててくれている祖父母の優しさも、前より強く感じるようになったそうです。

いまは独学でスペイン語を勉強していると聞きました。外国が好きだったお母さんのように、自分もいつか妹と一緒に海外に行くという、あの卒業作文の夢を実現させるためです。

3 学校に来られるようになったエミリ

2013年1月、5年生のエミリが放課後に学校に来て、校長室の隣にあった個別学習室で作文を書きました。その場にいたのはエミリと、当時教務主任で各クラスの作文指導を担当していた私の２人だけでした。エミリは、４年近く、日中の授業に出られない状態が続いていました。

はなちゃんととまった　５年　エミリ

一月の学校がはじまって、しばらくして、土よう日に、はなちゃんにとまってほしいので、

「とまりにおいでや。」

と、言いました。するとはなちゃんは、

「いいよ」

と、そくとうで、いいよって、言ってくれて、来てくれました。楽しみやったので、うれしかったです。

おふろにいっしょに入って、おふろの中でトリートメントして、ゆにつかった。そのことが、うれしかった。いつも一人でおふろに入っているから。

それから、ローソンに行って、おかしを買って、えだ豆を買って、もずくを買って、それから家に帰った。はなちゃんと、二人で食べました。

それからねて、朝の５時におきて、二人で犬のさんぽに行って、朝ごはんを食べて、その朝ごはんは、えみりが、つくった。たまごやきを、えみりがやいて、つくったたまごやきを

２人で食べた。

「ちょうどいいやきぐあいやなあ。」

とはなちゃんが言ってくれました。うれしかったです。いつも朝ごはんは、食べへんけど、今日は、はなちゃんが、おるからつくりました。

友だちのハナが自宅に泊まりにきたことをうれしそうに書いています。でも、子どもだけで朝ご飯を食べている様子には驚かされます。

エミリは、校区内に住んでいる会社勤めのお父さんと2人のお姉さんと離れ、父方のおじいさんの家で生活していました。この作文を書く少し前におばあさんが亡くなったため、おじいさんとの2人暮らしになりました。

入学当初のエミリは、両親、お姉さんと5人で暮らしており、自宅から元気に登校していました。ところが1年生の途中から登校を渋り、近所に住むおばあさんが苦労して連れてくるようになりました。なかなかクラスに馴染めず、2年生の5月ごろからまったく登校できなくなりました。

おばあさんが思いあまって学校に相談に来ました。私は、その時に対応した教頭からエミリの家庭の事情を聴きました。

1年生の途中、大好きだったお母さんがお父さんと離婚し、家を出たこと。その後再婚して子どもが生まれたこと。離婚後もお母さんはエミリに会いに来たり、家に泊まらせてくれたりしたが、なかなか元気にならず、自分の部屋にひきこもってしまったこと。そして、エミリのお父さんが一人で3人の子どもを育てるは難しいため祖父母の家で暮らすようになったことなどでした。

エミリがどうして4年近くも長い一人ぼっちのトンネルに入らなければならなくなったのか。また抜け出すために、友だちのハナと安井小の教職員、家族の力をどのように借りたのか。それを話したいと思います。

エミリが3年生の夏休みのことです。安井小学校区健全育成会が主催する夏夜祭の前日、PTA副会長だったハナのお母さんが学校に来て、私に言いました。

「うちのハナに、エミリに声かけさせようか。あしたの夏夜祭、来ない？って」

ハナのお母さんは、1年生の時にハナと仲の良かったエミリが学校に来ていないことをずっと気にかけていたのです。

そして当日。エミリがハナと一緒に顔を見せ、2人でいろいろなお店を楽しく回っていました。私が当番をしていた夜店にもやってきました。私はハナが2年生の時、3学期だけ担任をしたことがあり、当時隣のクラスだったエミリも、私のことを覚えてくれていました。

翌日、このことを校長、教頭、エミリの担任に伝えました。エミリが学校に来られるチャンスかもしれない、と。

担任とエミリのお父さんがすぐに話し合いを持ちました。2学期から、お父さんが週4回、仕事の後にエミリと一緒に学校に来て、1時間、個別学習室で勉強することになりました。9月は担任だけが入り、10月からは教頭や当時教務主任だった私も入りました。

私が初めて入った時のことです。部屋に入ると、エミリとお父さんがいました。

「今日先生といっしょに何の勉強しよう。う〜ん。そうやな。やっぱり作文書いてもらおうかな」

「いいけど。何も書くことないで」

その時、横からお父さんが、

「この前の休みの日、親戚のみんなで和歌山に旅行にいったこと、書いたら。エミリ、楽しそうやったから」

「うん。わかった」

エミリの鉛筆を持つ手が、少し震えています。1行書くと手が止まり、お父さんの顔を見ます。お父さんがにこっと笑いかけ、「夏休みにあったことを思い出して」と励まします。少し書き、また止まって、お父さんが声をかけてまた少し書く。書き終えると、お父さんの顔を見て、にっこり。お父さんも「うん」とにっこり。いい時間でした。

くるまで、わかやまにりょこうにいきました。十二人でいきました。海にわかばちゃんといきました。およぎました。よるごはんは、ふねのかたちをしたやつにエビフライハンバーグがのっていました。はたにえみり丸ってかいてました。おもしろかった。

つぎは、おんせんにはいりました。おふろの中から、海が見えました。きれかった。へやへ帰ってから花火を見ました。きれかった。みんなであそんだことがたのしかった。またみんなでいきたいです。

「みんなであそんだことがたのしかった」。エミリの実感です。

「りょこうにいったこと」という題をつけてクラスの文集に載せ、みんなに読んでもらいました。もちろん全教職員にも。

次は、11月の放課後の勉強の時間。お父さんはエミリの隣で、クラスの文集を読んでいます。エミリは、自分一人でしっかり書きました。

はなちゃんとあそんだ

3年　エミリ

はなちゃんと、おおばここうえんで、ブランコしてあそびました。はなちゃんは、ブランコで、こけそうになりました。あぶなかったです。うんていで、おとしあいをしました。つぎは、シーソーであそびました。それから、だがしやで、はなちゃんは、けんこうを買いました。えみりも、けんこうを買いました。それから、じどうはんばいきで、かめんライダーのサイダーを買いました。えみりのいえで、ちょっとあそびました。おもしろかったです。

6時にはなちゃんとかえって、

「また、あそぼうな。」

そういって、かえりました。うれしかったです。

また、うんていで、おとしあいで、また、いっしょにわらいたいです。

文末に「また、いっしょにわらいたいです」とあります。長い間、家族以外の人とこころを通わせて笑うことがほとんどなかったはずのエミリ。友だちと一緒に笑いたいのです。

お父さんも、かなり無理をして早く仕事を切り上げていたし、エミリ1人で来られる日も出てきました。徐々に同級生との付き合いを再開してほしいと考え、私たちはまず、ハナに力を借りることにしました。私がハナのお母さんにことわったうえで、ハナを呼び、来れるときは夕方、エミリと一緒に学校に来てほしいと頼みました。ハナは「いいよ」と即答してくれました。

私とエミリとハナの3人で国語の勉強をしたときのことです。教材は、3年生の物語文「ちいちゃんのかげおくり」。戦時中に空襲を受けて家族とはぐれた女の子の物語です。3人で全文を声に出して読み、思ったことや感じたことを話し合いました。エミリが言いました。

「私は、ちいちゃんが一人ぼっちで、夜、ざつのうの中にいれてあるほしいいを少し食べ、こわれかかった暗いぼう空ごうの中で一人ぼっちでねむったところが、一番かわいそうだと思った」

エミリは4年生になるとほぼ毎日、放課後に学校に来られるようになりました。1人で来たり、ハナと一緒に来たり。15人ほどいた教職員が交代で、国語と算数を中心に勉強を教えました。

そして2月、私の前で自分から進んで書いたのが、次の作文です。おかあさんのことを初めて書きました。

あゆのチケット　　4年　エミリ

一週間前に、おかあさんが、あゆのチケットをかってくれました。高いチケットだけど、わたしが、あゆがすきで、ファンクラブに入っているので、かってくれました。うれしかったです。行くのは、おねえちゃん二人と、おかあさんと、えみりと四人でいきます。ばしょは、京セラドームです。生でみれて、グッズもかってもらえるので、たのしみです。四人で三万三千円です。おかあさんも、あゆがずっと前からすきです。

5年生になると、担任の本田浩司先生が月曜から木曜まで放課後学習に付き合いました。そして、他の先生に任せることにした金曜も含めて、学習の場を5年1組の教室に移しました。放課後に少しずつ友だちと顔を合わせ、自分もクラスの一員だという思いをもってもらうためでした。その願い通り、やがて放課後の教室からエミリとクラスメートの笑い声が聞こえてくるようになり、ハナを含めた数人で、自転車に乗って楽しく遊ぶ姿も見かけるようになりました。

そして、5年生の1月に書いたのが、冒頭で紹介した作文「はなちゃんがとまった」です。

3月初め、担任の本田先生がうれしそうに職員室で言いました。

「エミリが、6年生になったら学校に来るって約束してくれた」

そして、6年生になって最初の登校日。全教職員が見守る中、エミリは同じクラスのハナと一緒に標準服を着て学校に来ました。標準服を着るのも、朝から学校に来るのも、ほぼ4年ぶりのことでした。

エミリはハナがいるので、卒業まで1日も休まず登校できました。ハナが友だち関係で悩んだ時には、反対に彼女の支えになりました。

2017春、中学校を卒業し、別々の高校に進んだ2人は、何か辛いことがあると今も連絡を取り合っています。

今年の夏休み、本を書くために当時の話を聞きたいと2人に連絡すると、そろって安井小の職員室に顔を見せに来てくれました。2人とも安井小に来るのは、卒業後初めてです。

私が当時のことをあれこれ確認し、最後にエミリに「ハナってエミリにとってどんな存在?」と聞きました。2人はおかしそうにパチッと目を合わせて「え?　友だち…やな?」と笑いながら答えました。そして帰り際、本のために写真を撮らせてほしいと私が頼むと、「正門前でツーショットを撮ってね」と言い、笑顔で写真に収まりました。

左がエミリ、右がハナ

4

いじめ問題を乗り越えて　アユム

学校でのいじめが社会問題になって久しいです。正直に言って、私が担任をしたクラスにも、過去に「いじめ」と言ってよい出来事がありました。3年前に卒業した学年のことを紹介したいと思います。安井小では多くの場合そうであるように、この学年も1クラスだけの学年でした。良くも悪くもリーダー的な存在だったアユムのことを中心に、お話を進めたいと思います。

アユムが4年生の11月に書いた作文です。市内の小学校が集まるサッカー大会のことを書きました。

秋季大会　4年　アユム

十一月二十三日金曜日、十一時三十分にみんなが、集まって、秋季大会に行きました。本部にあいさつへ行きました。試合を見ていたら、アユムらがたたかうチームが、背が低いから、かてるかなあと思いました。そこのチームとたたかいました。七たい一でかちました。にいちゃんは、ＰＫで止めたけど一点だけきめられました。
つぎはきょねんまけたチームとたたかいました。つよかったです。十番がすごく強かったです。二たい〇でかちました。そしてぼくは、十番をぬいたけど、こけて、前にいたよしきくんにパスをしたら点をきめてくれました。ものすご～～くうれしかったです。そのりゆうは、一つ目は、二しあいともかてたことです。二つ目は、みんなでたべにいけたことです。けいしょくのランチパックをたべてきがえていたら、かつむらせんせいが、タイツでシャイで、てれていました。らいねんもいきたいなあ～とおもいました。とくしってんさでまけました。でも、二位でした。らいねんサッカーーーーーきてね。
（※タイツとは、試合で審判を務めた私がはいていた、半ズボンの下のインナータイツのことです）

次は、アユムが5年生の4月に書いた作文です。

まいにち　　　　　　　　　　　　　　　　5年　アユム

4月1日あさごはんをたべた。4月2日よるごはんをたべた。4月3日ひるごはんをたべた。4月4日よるねた。

この2つの作文を読むと、アユムのことがよくご理解いただけると思います。好きなサッカーの作文は思いをしっかり書いていますが、気分が乗らないときは、こんなに短くあっさりした作文になります。

アユムは気持ちをまっすぐに表現するやんちゃな子でした。休み時間のサッカーではリーダー的な存在でしたが、雨が降ってアユムの苦手な遊びをする時などは、周りと衝突することもありました。それでもご家族の愛情に恵まれ、毎日元気に登校していました。会社員のお父さんと保育士のお母さんは、学校行事や地域の催しにも積極的に参加し、3兄弟のサッカーの試合にも足を運ぶ一方で、アユムが何か悪いことをすれば厳しく注意のできるご両親でした。

私の担当する作文の授業では、書くことこそ苦手でしたが、質問することや話すことは得意で、友だちの作文をクラスで読み合う授業ではいつもみんなをリードしてくれていました。ですが、4年生の途中から、アユムの発言がだんだん減ってきたのが気になっていました。

5年生になると、担任が転勤してきたばかりの女性教諭に代わりました。授業やクラス活動で積極性が見えないクラスだったため、1年生から子どもたちの作文を読んできた私が副担任になりました。私は、アユムの長所を伸ばすことが、学級運営のカギだと思っていました。

5月の連休明け、学習が遅れがちで、国語と算数は支援学級で学んでいたコウキへのいじめ問題が発覚しました。1章でも登場した男の子です。

配達係だったコウキが配ろうとしたノートを指さして、ある男の子が「バイキンがついてるから、受け取るな！」と言い出し、それに何人かが同調したのです。

昼休み明けの5時間目、支援学級で授業を受けるはずだったコウキも参加させて、緊急の学級会を開きました。しかし、担任が事実を話すよう促しても、みんな黙ったままです。関係のないおしゃべりを始める子もいました。

私は言いました。「友だち同士がケンカしたのとは訳が違う。授業に身が入らないから、暇つぶしにコウキをからかったんでしょう。それをいじめというんです」。そして昼休みにコウキから聞いた「嫌やと言ったら、仲良くしてもらえなくなると思って誰にも言えへんかった」という言葉を伝えました。

するとアユムが立ち上がり、泣きながら言いました。

「ごめんなさい。僕が最初にやったんじゃないけど、おもしろ半分でしてしまった。コウキ本当にごめんな。みんなも知っていることや思っていること言えよ」

すると、数人が恐る恐る手を挙げ、ある男の子が言いました。

「僕が最初にしました。そういうことをしてもコウキはわからんやろ、と思ったからです。コウキ君ごめんなさい」

私は「君たちがしたコウキへのいじめは絶対許せません。でもいま先生のこころに少しだけあたたかい光がさしてきています。過ちに気づき、なぜそれをしてしまったのか、正直に言えたからです」と言って、その場を終えました。

ちょうどその日の放課後に、保護者懇談会がありました。あるお母さんが「自分の子がいじめられている」と訴え出たため、急きょ開くことにしたのです。

懇談会で担任と私は、新年度が始まってからの1カ月間にクラスで起こったさまざまな問題を、個人名を伏せながら説明しました。その日の午前中に起こったコウキへのいじめ問題のことも話しました。このクラスは4年生の時から何度かいじめ問題があり、いじめられていた子がいじめる側に回ったり、その逆もありました。背景には子どもたち同士の関係の希薄さ、思いやりのなさがあることを、保護者にわかってもらいたかったからです。

しかし、何人かの保護者がクラス内での具体的なトラブルを挙げ、「原因はアユム君では」と言いました。アユムのお母さんは「いまのが事実なら、謝りたいと思います……」と涙声で話し、その後は何も言えなくなってしまいました。その様子を見た1人が「うちの子はいじめられそうになった時、何度もアユム君に救ってもらった」と言い、今度は何人かがアユムを擁護する発言をしました。

懇談会は、後味の悪さを残して終わりました。でも私は、親同士が思っていることをお互いに言い合えたことで、一歩前進したと思いました。そして、クラスの雰囲気を良くするためのキーマンは、アユムとアユムのお母さんだと確信しました。自分の子が時にいじめる側に回ることもあるという事実から、目をそらさないお母さんだったからです。親というものは、子どもがいじめられた時は心配しますが、いじめる側に回っていることはなかなか認めにくいものです。でも、アユムのお母さんは違ったのです。

その後、保護者懇談会の開催を求めたお母さんが数日に1度、クラス参観に来るようになりました。クラスの荒れの原因をこの目で確かめたいとのことでした。

アユムにとって辛いことだとわかっていたし、担任も不安だと言っていましたが、アユムが荒れの原因でないことを証明したいと思い、私の判断で受け入れました。

数日後の朝、学校に行きたくないと言い出したアユムを、何とかお母さんが連れてきました。ですが、1時間目の体育が終わると、アユムは教室に戻ることを拒否しました。私は「君がしんどいのは痛いほどわかる。先生たちが必ず解決するから、アユムもがんばろう」と励まし、アユムはようやく教室に戻りました。

ところが、しばらくして担任が職員室にいた私のところに駆け寄り、アユムや男子数人が教室の中からカギをかけたと言いました。

私がすぐ教室に向かい「今すぐ開けなさい！」と強く言うと、ようやく1人の男の子が開けました。誰がやったのかと全員に聞くと、その子が「アユム君が…」と言いかけました。それに対してアユムが「自分だけ先生の前でいい子になって！」と言いました。

私はついカッとなってしまいました。

「なぜ、悪いことをしたアユムが、正しいことをした人を責めるんですか。君らは、このことを何も思わないのか！　どうなんや！」

恐る恐る手が挙がりだすと、アユムが「どうせ、私だけが悪いんでしょ、謝ったらいいんでしょ。ごめんなさい」とすねたような調子で言いました。

私はこのひと言で気持ちが切れてしまい、アユムをつかんで廊下に出してしまいました。「もういい帰れ、君にはあきれた。顔も見たくないから帰れ！」。そう言って、教室の戸を閉めようとしました。すると、それを廊下で見ているアユムのお母さんと目が合いました。心配して、学校に残っていたのだと思います。

私は、抗議を受けて当然だと思いました。でも、アユムのお母さんはそうせずに、クラスのみんなにアユムのしたことを謝り、私にも泣きながら「本当に申し訳ありません」と言って、アユムを連れて家に帰られました。

そして給食の時間の直前、再びアユムと登校し、教室の黒板の前に立ちました。アユムのお母さんは「自分も保育士をしているので、子どもが先生の注意を聞かないことがどれだけ辛いことかよくわかります」と話し、改めて「アユムが今日みんなの大切な勉強の時間をとってしまったことを親として謝りたいと思います。ごめんなさいね！」と言って、頭を下げました。

お母さんはその後、私のズボンを両手でつかんで離さないアユムのほうを向き、謝るように促しました。アユムは照れくさそうに前に出て、「ごめんなさい！」と頭を下げました。私が拍手をすると、クラス中から拍手が起こりました。

この後、緊急の保護者懇談会を求めたお母さんが、授業を見に来ることはなくなりました。

そして、翌月の6月の作文で、アユムがこんなかわいい文を書いてきたのです。

わんちゃん　5年　アユム

しあいがおわった。負けた……

「つかれた!」

いえにかえると、いきなりわんちゃんをかったといわれた。うれしかった。

ペットショップにあいにいった。

ちっちゃくてかわいかった。

ほわほわだった。

おとうとができた。

うれしかった。

名前は、ムク。かんじでかくと、「夢来」です。

みんなのゆめがかなうように、かあさんがつけました。

ムクムクしてたよ。

くびわは、アユムの手くびぐらいでした。

おうちもかったので、もうすぐむかえにいく。

はやくさんぽしたいな～。


アユムが、サッカー以外のことでこんなに気持ちの入った作文を書いてきたのは初めてです。コウキへのいじめ問題、保護者懇談会、そしてカギかけ事件を通して、お母さんの自分への思いを理解したから、書けたのだと思います。

作文を読み合う授業で取り上げました。

私が「犬を買ってもらって、アユム君がうれしかったことがわかるところに線を引いてください」と呼びかけ、発言を求めると、「『ペットショップにあいにいった』というところ。相手が犬なのに人間のように書いている」「『おとうとができた』というところで、かわいがるぞ！というアユムの気持ちがわかる」などと次々と意見が出ました。

「犬の名前が、ムク。ムクムクしていたよ」がとてもうまい表現だという意見が出たところで、私は「ムク」と板書して、みんなに聞きました。「漢字で書くと『夢が来る』です。普通は、ワンちゃんの名前に漢字までつけませんよね。どうしてつけたんでしょうか」と問いました。

マホが言いました。

「お母さんは、いつも家族が仲良く幸せに暮らしてほしいと願ってるから」

マホは1章でも紹介された「おかあさんとハローワークにいったよ」で始まる作文を書いた女の子です。経済的に楽でない暮らしの中でも、お母さんからたっぷりの愛情を受け、思いやりのある子でした。

マホの発言に、何人もの子がうなずきました。

しばらくして1人の男の子が「いや、うちの母さんはお金のことばかり心配している」と冗談を言うと、クラスが笑いに包まれました。

この授業からクラスの雰囲気が大きく変わりました。アユムは授業での発言の仕方が変わってきました。特に国語の物語文の学習では、友だちの意見をよく聴き、その奥にある気持ちにふれる発言が出るようになりました。

翌月には、あの時いじめられたコウキが「子ねこのこと」という作文を書きました。1章でも紹介された、もらわれていく子猫を直視できず、2階の部屋に隠れたことを書いた作文です。

（略）おやねこがないてた。「ニャーニャー。」と、なんかいもないてた。（略）ぼくは、かなしいからわすれようとしている。

授業で読むと、「コウキ、やさしいな」という声が上がりました。コウキは体育の時間、苦手だったボール運動でも、友だちと力を合わせて攻めたり守ったりできるようになってきました。

周りも変わってきました。以前は、誰よりも熱心に掃除に取り組むコウキを小馬鹿にする子たちがいたのですが、そういう子に注意をし、一緒に掃除に取り組む子たちが増えてきました。

担任の女性教諭が9月から産休に入り、私が担任になりました。

アユムの提案で、クラスのみんながお見舞いの手作り絵本と手紙を作りました。私が家まで届けに行き、女性教諭はみんなへの手紙を私に託しました。

そして10月上旬、アユムは翌月に控えた文化祭「安井まつり」で披露する創作劇の監督に立候補して選ばれ、こう言いました。「自分たちでできるところまでやってみるから、先生は口を出さんといてな」

その少し後に、ミオがこんな作文を書きました。ミオは1年生の頃からアユムのお姉さん的存在。アユムが周りから責められたときにかばうのは、いつもミオでした。

友だちと四人でダンス

5年　ミオ

九月十四日、私の家でダンスをしました。メンバーは、愛と杏樹とかりなと私です。前から、「やろう！」と言っていたからです。

午後一時ごろに私の家に集まって、まずストレッチをしました。杏樹は、ちがうダンススクールなので、どんなストレッチをしているかとかで、めっちゃもり上がりました。そして、体がやわらくなったので、曲を考えました。四人の意見が一致し、さっそくダンスを作り始めました。まず、

「最初は、どんな風にする～。」

と、言っていた時、愛が提案してくれて、最初は、出来上がりました。時間を見るともう五時ごろでした。おもわず私は、「早っ。」と言ってしまいました。楽しすぎたので、四時間なんて早いと思いました。そして、みんな帰りました。楽しかったです。

そして、九月三十日、三分三十秒ぐらいダンスが出来ました。今、後三十秒ぐらい残っている時間のダンスを作っています。今も、チョー楽しいです。四人でダンスができて、うれしいです。ダンス・友だち最高！

どこかで発表するあてがあるわけでもなく、女の子数人が純粋にダンスを作り上げる様子が

楽しげに書かれています。これを授業で取り上げると、アユムが「このダンスを劇でやろう」と言い、その場でみんなが賛成しました。

監督になったアユムは、自分の思い描くセリフの言い方や動作を友だちに求めますが、なかなかうまくいきません。そんな時、助監督のような立場でアユムを支えたのがミオ、みんなが演じやすいように何度も台本を書き直したのが、さきほど紹介したマホでした。アユムは普段の授業でも、良いところに目をつけながら、うまく言葉にできないことがよくありましたが、そんな時にフォローするのはマホやミオでした。

劇の練習では、1学期いじめられた子もいじめた子も、アユムを中心に力を合わせてがんばりました。11月、本番の発表をみたアユムのお母さんや、保護者懇談会を求めたお母さんも、涙ぐんでいました。

そして、ミオが書いた作文「友だちと四人でダンス」に出てきたアイが、1月にこんな作文を書いてきました。

引っこし

5年　アイ

12月26日（日）その日は、十一年間くらしていた家から新しい家に引っこしする日だった。何日か前に急に三人（ママ、ねね、あい）で引っこしするとママに言われてびっくりした。そんな事一生ないと思ってたからびっくりしすぎて泣いちゃった。

それから大量のダンボールにつめて……と、そんな作業を毎日しているうちに部屋がダンボールだらけになった。日曜日の朝六時ちょうどあいとねねが、お風呂からあがった時、「ピンポーン」引っこし屋さんが来て、ダンボールを次々運んで行って、部屋が空っぽになった。

「家って、こんなかたちやったんやあ」

とか、言っているうちにママが新しい家にダンボールを入れてもらう時、どこにおくとか言わないといけないから新しい家に行った。8時にダンボールを出す作業が終わった。その後、二時間ずーーーとなんもない家でテレビを見てた。さすがに九時ぐらいになってくるとねねもねむくなって、あいをまくらにしてねてしまった。十時にママがむかえにきたからねねを起こしたら、起きたねねのだい一声！

「あ〜よくねた〜。」

だれのひざまくらで、よくねれたのかな?と、ちょっとムカッときたけど、新しい家に行って、おばあちゃんが届けてくれたお弁当を食べた。ばんごはんが、十時三十分ぐらいだったから、おなかが空き過ぎていて、お弁当を食べてる時のあいの気持ち…天国っていう感じだった。めっちゃおいしいって言ったりしながら完食して、パジャマを着てねました。

次の朝…初!!　新しい家からの登校!!　無事登校、下校できました。良かった〜。

今の家は、め〜っちゃせまい（ダンボールもあるからよけい）ですが、家族三人で楽しくらしてます。
これからも楽しい毎日ですように…。

アイは勉強ができ、まじめでしっかり者でしたが、自分のつらい気持ちを作文に書いてきたのは初めてのことでした。クラスの雰囲気がだいぶ温かくなってきたからこそ、書けたのではないかと思います。

アユムたちが6年生になりました。担任は引き続いて私です。

アユムとアイが学級代表に立候補し、選ばれました。学級会で遊びの計画をしっかりたて、クラスのみんなが楽しめるようにしていきました。2学期からはクラスのほとんどが休み時間に一緒にサッカーをするようになり、アユムたちの出た市内のサッカー大会に多くの友だちが応援に駆けつけました。アユムが4年生の11月に作文で書いた「らいねんサッカーーーーーーきてね。」という願いが、2年越しで実現したのです。

10月中旬にあった堺市連合運動会（堺市内の6年生による陸上競技大会）には、アユムを中心に種目ごとに練習方法を工夫して臨みました。当日の綱引きでは惜しくも3位でしたが、「安井小の子どもの綱の引くフォームがきれいでそろっていた」と、他校の校長先生からほめられました。11月の安井まつりでは、歴史創作劇「坂本龍馬の一生」に取り組み、大成功を収めました。

3学期の体育、サッカーの時間でのことです。ある子が「コウキが、ディフェンスにいるぞ！　今日の試合はいただきや！」と言いました。するとアユムが強い口調で言いました。「このごろコウキ、サッカーがうまくなってきたから、もっとパスを回さないと、すぐカットされるぞ！」

コウキは6年生になると休み時間、それまで嫌いだったサッカーに加わるようになっていました。アユムのこの声かけは、励ましになったと思います。

アユムが、卒業アルバムに掲載された卒業文集で書きました。

小学校の思い出　　6年　アユム

ぼくは、小学校でずっと怒られていた。勉強しなくて怒られた。ケンカをしちゃって怒られた。いっぱいいっぱい怒られた。

だけど修学旅行では、多分怒られなかった。だから一番楽しかった思い出は、修学旅行です。みんなでジェットコースターに乗ったり、今まで仲良くなかった人と一緒の部屋になり、友だちになれたことがうれしかったです。

一年の時は、〇〇先生に楽しいことを教えてもらった。

二年の時は、△△先生にいろいろ教えてもらった。

三年の時は、▲▲先生に「強く生きることは、決して負けないことではなく、だれのせいにもしないこと、いいわけしないで生きること」を教えてもらった。

四年の時は、●●先生には、いろいろスポーツを教えてもらった。

五年の時は、◇◇先生に、お世話になった。

六年は、勝村先生になって、メンタルの力を強くしてもらった気がする。ちょっとは、みんなと力を合わせてがんばることが、できるようになったと思う。

六年で、いろいろな力をつけることができてたのしかった。

この本を書くにあたり、中学3年生になったアユムに、小学5年生の時のことを書いてもよいかと聞きにいきました。あの頃のしんどかった自分を振り返ってもらうと、アユムは「何でもアユムが悪者にされて嫌やったけど、ミオとマホは普通にしゃべってくれて嬉しかった」と言いました。そして、6年生になると、ほかの友だちもみんな、普通にしゃべってくれるようになってうれしかったと。

この言葉から、子どもにとって、友だちの前でありのままの自分を出せるということが、どんなに大事なことなのか、痛感しました。

アユムはいま、クラフトや陶芸の基礎を学ぶコースのある高校に進むことを希望していま す。将来はものづくりの会社を興し、そこで働く人が幸せを感じられるような仲の良い会社にすることが夢だそうです。

コラム 1

25歳、池永先生の作文の授業

宮崎　亮

1章では実際に私が教室で見た勝村先生の作文の授業を紹介した。勝村先生が過去の教え子を振り返った2章でも、いくつか作文の授業の様子が出てくる。

読者の中には現役の教師の方々もいると思うが、ここまで読んで、「作文の授業って自分にもできるのかな?」という感想をもった方がいるかもしれない。

そこで2017年11月、安井小を訪ね、教師生活3年目の池永拓未先生の授業を取材した。9月に25歳になったばかりの池永先生は3年1組の担任。教室の後ろで勝村先生も様子を見守った。池永先生がこの日、取り上げた作文は2つ。そのうちモミジの作文についてクラスで話し合った時の様子を紹介したい。

お兄ちゃんのさいごの太こ　　モミジ

今日お兄ちゃんさいごの太こだった。お兄ちゃんはものすごくこえをだしていた。さいごのあいさつのときにみんながかんどうするのをいっていた。

おとうさんがないていた。じぶんもなきそうになった。みんな、ないていた。

お兄ちゃんは、ほんとうは1年生からだけどお兄ちゃんは年少のときに、はいったから9年間のった。さいごの日が、雨だったのは、かわいそうだった。

9年間、地域の祭りで山車に乗り、太鼓をたたいて歌をうたい続けた兄のことを綴った作文だ。池永先生はまず自分が音読し、作文の中でモミジの気持ちが表れている部分を子どもたちに挙げさせた。「いいね～モミジちゃんの気持ちわかってるわ」「待って！ いま大事なこと言った！」などと合いの手を入れて、授業を盛り上げていく。10分ほど経ったところでモミジ自身に作文を読ませ、「今から、これを読んでいいなと思ったところに線を引いてもらいます」と言った。

5分が経ち、子どもたちは「お兄ちゃんはものすごくこえをだしていた」「みんながかんどうするのをいっていた」などと線を引いた部分を次々と発表し、そこを選んだ理由や感想を述べていく。ある子が「どんな感動する言葉だったんやろ」と質問し、モミジ自身が「9年間無事にがんばれたのはお父さんお母さんのおかげやと思った」という兄の言葉を紹介する場面もあった。

池永先生はここで改めて、兄のがんばりを見たモミジの気持ちについて、子どもたちに尋ねた。「感動して泣きそうになった」という意見が出たところで、「みんなも人のがんばり見て、ジーンときたりとか、ブルッと心震えたりとか、泣きそうになったことある？」と聞いた。お姉ちゃんの吹奏楽、友だちのダンス……次々と手を挙げて発表する子どもたち。

最後に池永先生は「自分だけじゃない、他の人のがんばりを見て感動できるってとってもすばらしいことだと思います」と締めくくった。

この日の放課後、池永先生と勝村先生は3年1組の教室で反省会をした。

池永先生は、授業の締めくくり方について「僕がこう言ってしまうんじゃなくて、子ども自身が、他人のがんばりに感動することの大切さをつかむまで待つべきだった。一番大事なところを押しつけてしまった」と反省した。

勝村先生はうなずいた後にこう言った。「僕はルキアの発言を板書して、もっと子どもたちに話し合わせてほしかった」

ルキアが線を引いたのは「さいごの日が、雨だったのは、かわいそうだった」という最後の一文だ。授業中、池永先生からここに線を引いた理由を聞かれると、ルキアは「お兄ちゃんのことがわかってる」と発言した。

同じ一文に線を引いた子は実際、10人ほどいた。それだけに勝村先生は、ルキアの発言から、みんなにモミジへの共感を広げてほしかったのだという。「感動して泣きそうだった」もモミジの気持ちに違いないが、「さいごの日が、雨だったのは、かわいそうだった」は、モミジが兄の立場に立ち、

兄の気持ちを想像して書いた一文。より重要だというわけだ。

池永先生もここは大事な部分の1つだと感じてはいたが、こんなに多くの子が線を引くとは予想できなかった。反省する池永先生に、勝村先生は「教師の予想通りにいくのが良い授業というわけではないよ」と話し、こう続けた。「池永君の授業は、子どもがちゃんと自分たちで授業を作ってる。それがすごい」。ルキアの発言が出たのは、池永先生が算数や国語といったほかの授業でも子どもの目線に立ち、子どもが素直に言いたいことを言える関係を築いているからだという。


池永先生は新人として安井小に赴任した2015年4月、全校児童に自由題で毎月作文を書かせていると聞いて驚いた。「子どもたち、大変やん…」。作文を書くのが苦手だった自分の子ども時代を思い出した。

ところが、受けもった3年生クラスで最初に作文を書かせたときに「カルチャーショック」を受けた。だれも文句を言わずにスラスラと鉛筆を動かし、次々と書き終えて提出する。そしてその後、自分のクラスで勝村先生が作文の授業をしたときの、子どもたちの楽しそうな様子にまた驚いた。「自分の作文をみんなで読んで、話して、考えてもらって…。そら、書くの好きになるわ」と納得した。

それから何度も自分のクラスで勝村先生に授業をしてもらい、それを間近で見ながら「いつか自分も」と思っていた。職員室でも「何でこの作文で授業をしようと思ったんですか」「この子の作文、いいと思いませんか」などと積極的に話しかけてきた。

勝村先生の作文の授業の基本的な流れはこうだ。

①教師がその日取り上げる作文を、心をこめて音読する。

②「作文を書いた子がいつ、どこで、だれと、何をし、どう思ったか」について教師が子どもたちに質問し、板書しながら整理する。（これをすることで、子どもが作文の内容に集中していく）

③書いた子が自ら作文を音読する。

④子どもたちが、作文の中で「いいなあ」「気持ちが表れているなあ」と思うところに線を引く。

⑤子どもたちが線を引いたところを発表し、そこを選んだ理由や感想を話し合い、考えを深めていく。

⑥「同じような体験をし、同じように感じたことがありますか」などと教師が子どもたちに尋ね、発表してもらう。（書いた子に対するほかの子の共感を強める。書いた子が次の作文を書く意欲にもつながる）

そして２０１７年の１学期、池永先生は見よう見まねで授業をしてみた。「楽しく授業ができた」とは思ったが、深い学びにつながる授業になったどうかは自信がなかった。そこで今回、勝村先生に授業を見てほしいと頼んだ。「人のがんばりに感動すること」の素晴らしさを伝えようと考え、事前に勝村先生に相談もした。授業は必ずしも思い描いた通りにはいかなかったが、放課後の反省会で、改善すべき点が明確になった。

池永先生は作文の授業について「身近な友だちが書いた作文だからこそ、クラスみんなで楽しく読める。それだけじゃなくて、生きていく中で大事なことを考えることができる。こんなすばらしい教材、どの教科書にもないと思います」と話す。

次の授業をするのが、いまから楽しみだ。

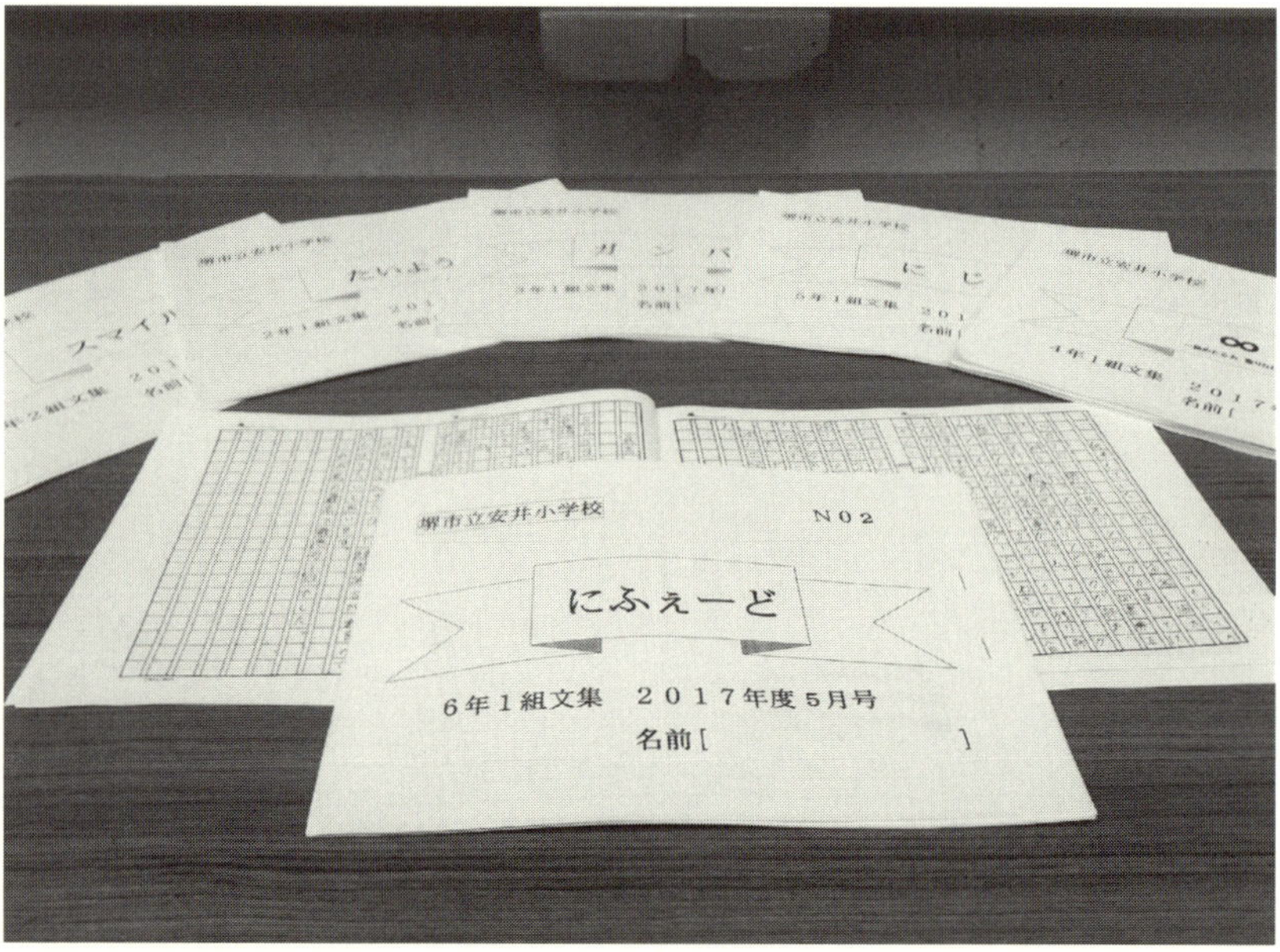
堺市立安井小学校
N02
にふぇーど
6年1組文集　2017年度5月号
名前［　］

3章

安井っ子作文集

勝村謙司

安井小に勤めて14年目になります。最初の2年は担任をしたクラスの子たちの、3年目からは全校児童の作文を毎月、読み続けてきました。

この本の1、2章には子どもの作文がいくつも出てきました。しかし、これ以外にも、身の回りの出来事や思いを素直にまっすぐに綴ったすばらしい作文がたくさんありました。3章ではその一部を紹介します。

●●● 2005年2月 ●●●

雪!!

4年　カズタカ

二月一日火曜日朝起きていつもと同じで、出て行ったら、外がこおっていました。

「うわーすっげー。」

そのまま歩いて全体こおってるから、走ってすべりました。「すーーって」すべっていきました。そのままそうたの家に行きました。そうたがまどからのぞいていました。そうたといっしょに学校に行きました。とちゅうでいっしょにすべりました。学校についていて門から入ったら運動場が真っ白でした。そして、せいやもいました。いっしょに遊びました。雪を投げたりして遊びました。２時間目の休み時間でっかい玉を作って遊びました。楽しかったです。

私が安井小に転任してきた２００４年度に担任をした4年生クラスのカズタカが3学期に書いた作文です。作文教育を始めるきっかけになった、やんちゃ5人組の1人です。1学期は、勉強道具をもってきても教科書を開かない、鉛筆をもつと字は書かずに絵ばかり描いている、そんなカズタカでしたが、3学期にはこんなに生き生きとした作文を書くようになったのです。

●●●　2006年2月　●●●

つよしのこと

6年　ユウキ

つよしは、お正月にもちをはじめて食べました。おいしそうに食べていました。ぼくは、もちを6こぐらい食べました。つよしは、一こぐらい食べました。まだ、もちは食べれません。口うつしして母があげました。つよしは、さとうじょうゆで食べていました。ぼくは、きなこで食べました。ぼくは、6こ食べておなかがいっぱいになりました。ぼくは、つよしにもちはあげれません。なぜかというと、きれいにあげれないからです。でもほかの食べ物はあげれます。今では、ハイハイができて、テーブルにつかまってたつことができるようになっています。だから高いところにおかないと、とって食べようとします。今では、ぼくがおんぶができるようになって、おんぶひもがなくても、おんぶができるようになりました。

ユウキには、3人の弟がいます。6年生の5月、修学旅行で弟たちへおみやげを買ったことを書き、それから毎月、弟のことを作文に書いてきました。

5年生の頃にお父さんが重い病気にかかり、お母さんが仕事に行っている間、ユウキは弟たちの面倒をみていました。クラスの友だちは作文を通じてその厳しい家庭状況を知り、がんばっているユウキへの共感を深めていきました。ユウキも自分のことを知ってもらえたことをうれしく感じ、ほかの授業でも、発言が増えていきました。

絵を描くのが好きだったユウキは、中学校へ進み美術クラブの中心的存在になり、全国中学校美術部作品展で賞をとるほどになりました。

ちなみにユウキの弟の1人は、コウキと言います。1、2章に登場した「子ねこのこと」を書いた男の子です。

●●● 2010年10月 ●●●

おとうさんのこと

3年　アユミ

わたしは、おとうさんがすきです。なぜかというと、おふろでおもしろいことを言ったり、たのしいことを言ってくるからです。たまにあゆみと幸ねえちゃんのふとんのあいだにはいって、たのしいことを言ってきて、幸ねえちゃんもあゆみもわらっています。それでなかなかねむれません。

おふろで、たまに幸ねえちゃんとおかあさんとあゆみとおとうさんではいっていたら、おもしろいことを言って、おかあさんをわらかしています。おかあさんも大ばくしょうをしています。いつもふとんをひいてるときに、「ふとんのなかにいっぱいはいってるで。」と言っています。そして、幸ねえちゃんとあゆみでふとんの下にあるものをとって、またひき直します。いつもひき直したら、くしゃくしゃで、ねるまえに、自分でひき直しています。それでもぐしゃぐしゃです。あゆみは、かけぶとんの上にあしをのせてねています。ちょっとさむいです。

おとうさんは、テレビを見てねます。おとうさんは、朝七時三十三分におきて、トイレにいって、食べて、バナナを食べて、トイレして、きがえて、行く前にトイレにはいって、しごとに行っています。仕事がおわって、夜ごはんをたべて、おとうさんだけおふろに入って、おふろをでたらあゆみたちに「何ではいりにけえへんのや、まってたのに。」と言い、幸ねえちゃんが「だってテレビ見てたんだもん。」と言いました。

わたしは、おとうさんが大すきです。幸ねえちゃんもおかあさんもお兄ちゃんもおとうさんが言ったことでわらっていました。

文でもおわかりいただけると思いますが、愛情に満ちた家庭で育ったアユミは、とても素直でやさしい子でした。文は幼いですが、書くことで自信を持ち、11月下旬にあった安井まつり（文化祭）の劇でも、大きな声でセリフを読み上げました。また支援学級に通っている友だちととても仲がよく、もう1人、家庭の事情で不登校気味の友だちにもよく声をかけていました。

●●● 2011年2月 ●●●

かいとくんとおふろやにいって、とまった

1年　シュンスケ

きょう、かいとくんとおとうさんとおふろやさんにいきました。おかあさんは、玉田家と井上家と、おこのみやきをたべにいったので、おふろやさんには、いきませんでした。おふろやさんについて、まずごはんをたべました。しゅんは、イクラ丼をたべて、かいとくんは、まぐろ丼をたべました。おいしかったです。そして、おふろに入りました。からだにおゆをかけてから、外のおふろにいきました。外にでたら、からだがこおりそうなぐらいさむかったので、はしっておふろに入りました。ニュースで見たさるのおんせんみたいに、かいとくんとくっついて入りました。きもちよかったです。おふろからあがって、たいじゅうをはかりました。すこしだけかいとくんのほうが、おもかったです。家にかえって、おかあさんが、玉田家でワインをのんでいたので、しゅんの家でかいとくんとゲームをしていました。ポテトチップスとチーズケーキをたべました。十時からアジアカップが、はじまったので、いっしょに見ました。ぜんはんが、おわって、おかあさんがかえってきたので、かいとくんが、とまることになりました。ねるまえに、いっしょにトイレで、おしっこをしてねました。こんなにおそくまで、おきてたのは、はじめてだったので、大人になったみたいでした。

シュンスケは、朝日新聞の連載「安井小　こころの作文」（本書1章）の舞台となった6年1組に在籍していました。1年生の頃から、思ったことはすぐ口に出し行動に移すので、友だちとのけんかが多かったようです。でも、友だちや先生に自分の思いを受けとめてもらえた時は、勉強もスポーツもすごくがんばる子でした。当時担任だった宮崎典子先生は「少し困ったところもあるけど、こんなかわいい文も書いてくる。憎めないんです」と言っていました。

●●● 2013年3月 ●●●

酒屋さんになりたい

6年　タクム

ぼくが、酒屋さんになろうと思ったきっかけは、ジョルノで働いているお父さんとお母さんが酒屋さんだからです。お父さんは、仕事で東京にいったりしているからスゴイなあと思っています。

配達も弟のゆうとといっしょに三回ぐらいやったことがあります。

一回目は、道にまよったけど、知り合いについてきてもらっていけました。

二回目は、ちょっとだけまよったけどいけました。

三回目は、まよわずにいけました。

お父さんは、お酒の展覧会にも連れていってくれたり、遠い所の配達も連れていってくれたり、お酒を買うところにも連れて行ってくれたりしてうれしかったです。しかも配達の時、うなぎをお客さんにあげたりしてて、お父さんは、本当にかっこいいなあと思いました。

お父さんは、会議があるし、帰ってくるときも、いつも二時か三時に帰ってくるから、しんどいと思うけど、朝もいつもみたいに起きて、店もいつもみたいにふつうにやってるけど、すごくつかれてるのにガンバッテるなあと思います。

お父さんは、「後、二、三年でつぶれるかも」って言ってたけど、「家のそうこでもやる」って言ってたけど、お父さんは、「もうむりかも」って言ってるけど、お母さんがおるからだいじょうぶだと思うけど、もし、お母さんもむりになったら、ぼくが、ぜんぶやって、そして、自分の店をもちたいです。

2章で紹介したマナトのいたクラスが、2013年春に卒業しました。その時の卒業アルバムに掲載された卒業文集に載った、タクムの作文です。

担任の稲舘義信先生はこれを読むなり、「やばい。安井の子の作文や！　涙が出てくる！」と言って私に見せにきてくれました。

当時のＰＴＡ会長さんも、卒業式の祝辞で「君たちの中に、こんなにやさしい文を書いた子がいます。おっちゃんは、それがうれしいです。こんなやさしい文を書けたのは、クラスのみんながやさしく育ったからだと思います」と言って、この作文を紹介しました。

●●●　2013年9月　●●●

おじいちゃんが亡くなった

6年　カイシン

七月十九日朝の五時に亡くなってしまいました。末期ガンで亡くなりました。

夏休みの前に死んでしまったので、最悪でした。学校から帰って来てすぐに和泉市のおじいちゃんの家に行きました。家についたら、左の部屋におじいちゃんが、ドライアイスで、囲まれてねていました。せんこうをあげて、手を合わせました。一時間半ぐらいいたったら、おじいちゃんを運びに来ました。

おそう式の方に行ってしまいました。

五十五歳でした。死ぬのが早すぎて、かわいそすぎました。おじいちゃんが運ばれた後、昼ごはんを食べました。

食べ終わったら、テレビを見ました。時間を見たら、もう夜の六時でした。お母さんは、おじいちゃんの家に残って、おばあちゃんと、ぼくは、家に帰りました。

「明日は、おつややから、早くねなさい!」

と、言われました。十二時にねました。

朝になって、八時ぐらいに起きました。おそう式場に行きました。着いたら、自分たちの泊まる部屋に荷物を置いて、おつやが始まるまで、一時間ぐらい休みました。一時間たったら、おじいちゃんをきれいにする人が来て、おじいちゃんをきれいに洗ってくれる場所に行きました。洗っているところを見ていると悲しくなりました。洗い終わって、おつやの場所におじいちゃんが運ばれました。また部屋にもどって、また休みました。三十分ぐらい休みました。

おつやの時間になったので、みんなイスにすわって、おつやが始まりました。

まず、みんなで、手を合わせました。それから、後ろからお坊さんが来て、前のイスに座って、お経を読み始めました。二人ずつおしょうこうをしました。おしょうこうが終わったら、またイスに座って、またお経を聞きました。みんな泣いていました。ぼくもずっと泣いていました。三十分ぐらいお経を聞いて、やっと終わりました。

おつやが終わって、みんな部屋にもどりました。おじいちゃんは、にぎやかなところが好きなので、みんな夜おそくまで、にぎやかに笑いながら、お酒を飲んでいました。お母さんは、おじいちゃんの線香が消えないように、朝まで起きていました。

朝になって、制服に着がえました。イスに座って、またお坊さんのお経を聞きました。二十分ぐらい聞きました。お坊さんのお経を聞きながら、前にあるおじいちゃんの写真を見ていたら、おじいちゃんとの思い出を思い出しました。一緒に魚つりに行ったり、みんなで福岡に行ったことやたくさん思い出がありました。

その次おしょうこうをしました。

おしょうこうが終わって、親族の方は、前へ来てくださいと言われました。おじいちゃんのところに花や手紙やおじいちゃんが好きだった食べ物を入れました。その時、すごく泣いてしまいました。そして、最後にビールをおじいちゃんの体にかけました。すごく悲しかったです。

おそう式が終わって、みんなで、バスに乗って、やき場に行きました。やき場についたら、おじいちゃんを焼く、機械に入れて、おじいちゃんのおにいちゃんが、焼くボタンをおしました。焼いているとちゅうに、またおそう式の場にもどって、お昼ごはんを食べました。

食べ終わったら、また焼き場に行って、おじいちゃんの骨をとりに行きました。すごく骨がきれいでした。頭がい骨が、きれいに残っていました。骨を入れる箱が、骨でパンパンになったので、骨をつぶされました。最悪でした。

骨を入れたら、おそう式場にもどって、荷物を運んで、家に帰りました。

夜ぜんぜん眠れませんでした。おじいちゃんのことで。一緒にやりたかったことがいっぱいありました。

亡くなるのが、早かったことも嫌でした。

何もしてあげれなかったのが、すごく後悔しています。


経済的な理由から、家庭が落ち着かず、お母さんと住んだり、お父さんと住んだり。ハラハラしながら見守ってきたカイシンです。

おじいちゃん。いろいろありましたが、安心してください。カイシンはこんな心のこもった優しい作文を書く子に育ちました。これからも天国から見守ってあげてください。

●●● 2014年6月 ●●●

六月五日は、おかあさんのたんじょうび

3年 シュウ

六月五日は、おかあさんのたんじょうび。あめとニセもののはな2つとクラッカーを一つあげました。でも、クラッカーをやったらなにもでません。音だけです。クラッカーのはいってるふくろを見ると音だけとかいてました。それで、おかあさんがジュースをかってくるっていって、ジュースをかいにいっているあいだにぼうつきのあめにニセもののはなを一パッ

クあけて、ぼうつきの、あめをまきつけました。音だけのクラッカーは、音が大きいです。だからクラッカーとニセもののはなをまきつけたアメと見まちがえて、おかあさんは、うれしそうでした。ベルマージュでライターをあげました。ライターは、「いっぱいあるよ。」と、いわれました。

欠席がちのシュウは、お母さんと2人暮らしです。お母さんは、不安定な精神状態が続き、決まった仕事になかなかつけません。家庭の経済状況は大変厳しいものがありました。お母さんへの思いがひしひしと伝わってきたので、作文の授業でクラスのみんなと読み合って、シュウを励ましたいと思いました。

まず私が子どもたちに問いました。「ふつうは、『おかあさんのたんじょうび』です。6月5日をつけたら、どう違いますか」

ある子が言いました。「倒置法を使っている。おかあさんのたんじょうびをうれしく思っているシュウの気持ちがよくわかる」。倒置法とはちょっと違いますが、「6月5日」を前にもってきたほうが思いが強く伝わるということでしょう。別の子が言いました。「おかあさんも、うれしく思っていることがわかる」

再び私が「どこの文でそう思いましたか」と問うと、その子が答えました。「『おかあさんは、うれしそうでした』のところです。きっとお母さんもシュウの気持ちがわかって嬉しかったたんだと思います」

もうここで、友のことを思うクラスの子どものやさしさで胸がいっぱいになりました。シュウは翌月の作文の授業で、友だちの作文をしっかり読み、友だちへの思いを積極的に発表しました。

●●● 2014年9月 ●●●

にほんで であった ともだちへ

4年 ジリン

わたしは、一月ににほんへきて、しょうがっこうにはいりました。

さいしょの日から、たくさんのともだちが、わたしをたすけてくれました。だからありがとうといいたいです。ことばが　わからなくても、へやへ　つれていってくれたり、ものをかしてくれたり、あそぼうといって、なかまにいれてくれました。ことばは、いまもまだわからないときがおおいけど、ともだちのことばは、すこしずつわかるようになりました。

みんなは、いつもたすけてくれて、そうじがじょうずで、べんきょうもがんばって、たのしいともだちです。

みんなのなまえもいえるようになりました。べんきょうもあそびもみんなといっしょにたのしくしたいです。

わたしが、にほんごをじょうずになったら、わたしがみんなのことをたすけます。

みんなといっしょにきゅうしょくをじゅんびしたり、いっしょにきがえたり、いっしょにあそんだりして、いっしょにいることがとてもたのしいです。

ありがとう。


ジリンは2014年4月にフィリピンから転入してきました。もちろん日本語がまったくしゃべれません。

この文を読む度に、担任の先生は、涙が出そうになると言いました。風土も文化も違う日本に来て、ことばがまったくわからないことが、どれだけジリンのストレスになっていたことでしょう。

でも、クラスの友だちと心が通い合っていることもわかります。「言葉がわかるようになりました」ではなく「ともだちのことばは、少しずつわかるようになりました」です。助けてくれた友だちに対しては、「たすけたい」ではなく「たすけます」です。心が通い合っているから、そう言い切れるのです。

●●● 2015年3月 ●●●

天然もの

5年　ミノリ

私は、二月のどこかの日にとてもきれいなものを見つけました。そのきれいなものは、運動場のたけのこの近くにある白いさくの中に咲いている植物の実です。その実は、とってもきれいで黒っぽいのやみどり色のや、ちょっと黒がかかったみどり色のがあります。みどり色のは、少し中がすけてたねが見えてとってもきれいです。私は、最近その実をねこじゃらしのくきにさしてあそんでいます。とってもじみですが、出来上がったらとてもきれいなのでとても楽しいです。最近は、あやねちゃんといっしょにやっています。

私たちは、その実のことを『天然ビーズ』と、よんでいます。そして私は、『天然ビーズ』とこんなじみなあそびをおもしろいと言って、いっしょにやってくれたあやねちゃんのことを宝物だと思っています。

たけのこは遊具の名前です。その近くに咲いている植物の実のことを書きました。

ミノリは、おとなしいけれど、とても優しい子でした。作文を読み合う授業が好きで、友だちの作文にこめられた思いを想像し、恥ずかしそうに手を挙げては、よく発言しました。ミノリがいると作文の授業が、あったかくなりました。ミノリもまたクラスの中で「天然ビーズ」

のような存在でした。

●●●　2015年4月　●●●

お兄ちゃんにもらった　3年　リカ

4月7日にお兄ちゃんが、わたしにペロペロキャンデーを買ってくれました。それで家に帰って食べてみると、すっごくあまくて、おいしかったです。そして色は、赤とむらさきの黄色と水色といろんな色がありました。でも、かたいし、大きいので、ずっとペロペロとなめているとだんだんきれいな色が白くなっていました。それからずっとなめていると少しキャンデーがうすくなってきたので、かんでみたらパリってわれました。そして、ずっと少しずつ食べていくと9時前ぐらいになりました。そしたら、お母さんが、「もう9時前だからサランラップをしなさい。」って言ったからサランラップをしました。それではみがきをしてねました。それからつぎの日にキャンデーののこりを食べました。キャンデーを買ってくれた時は、本当にうれしかったです。また、食べたいです。

この作文を授業で読み合いました。私はまず「お兄ちゃんから買ってもらったペロペロキャンデーがうれしかったのがよくわかるところは、どこですか」と聞きました。子どもたちからいろいろ意見が出たところで、今度はこう聞きました。「おいしかったのは、キャンデーの味だけですか」。子どもの1人が「『キャンデーを買ってくれた時は、本当にうれしかったです』と書いてあるから、お兄ちゃんのやさしさもあっておいしかったと思います」と発言しました。

●●● 2015年9月 ●●●

お父さんがいる病院に行って

5年　ユヅキ

いつかわすれたけど、お父さんがいる病院に行きました。お父さんがいる病院に入ると、なんとお父さんは、車いすから『歩行器』という、歩行の不自由な人がつかまりながら移動するための道具を使っていました。右半身マヒなのにとてもすごいと思いました。

お父さんがいる病院に行ったのは、お父さんが、ちがうしせつ（老人ホーム）へ行くので、それを伝えるために行きました。

お母さんがそのことを伝えているとき、私は、お父さんがたおれる前日から今日までのことを思い出しました。

たおれる前日、家族みんなで買い物へ行きました。そのとき、お父さんは笑ってたっけ。そのときのお父さんなんだか、いつもとちょっとちがってた。何がちがうのだろう…。

たおれた日、朝四時に電話がありました。

私は、「電話。まだ四時……お父さんたおれちゃったのかなあ。そんなことないよね。」と、思いました。

電話相手は、お父さんといっしょにはたらいているまいちゃんでした。

「もしもし○○さんの奥さんですか。」

と、まいちゃんが言いました。

お母さんが、「はい。」とこたえると、

「大変です。○○さんが、たおれました。今救急車で運ばれてます。」と、まいちゃんが言いました。

「え、はい?!」と、お母さんが言いました。

私は、

「ねえ、お母さん、どうしたの。」と、言うと、
お母さんは、真剣な目で、

「お父さん、たおれちゃった。」と、言いました。

私は、

「え。なんで。」と、言いました。

お母さんは、

「とりあえずお父さんのところへ行こ。」と、言いました。

3月の早朝、寒かった。

けど、自転車をこいでこいで、急だったから、何が何だか分からなかったです。

病院についいて、お父さんのいるところへ行くと、付きそいのまいちゃんがいました。

そして病院の先生に、「ご家族の方は、この部屋に入ってくれますか。」と、言われたので、入りました。

病名は、「脳出血」と、言われ、先生が、

「左の脳に七センチの大きな血のかたまりがあります。このまま放っておいたら命に関わりますので、きん急手術をします。」と、言いました。

手術は九時間ぐらいかかりました。

結果は、成功ですが、右マヒ、言語しょうがい、社会ふっきは無理と言われました。でも、成功しただけで良いと思いました。脳出血は、死因が七十パーセントだからです。

ちょうど、お母さんがお父さんに老人ホームへ行くことを言い終わったので、バスに乗って帰りました。

ジリンと同じクラスのユヅキが書きました。

ユヅキが5年生になる直前の春休み、お父さんが脳出血で倒れました。任せられていたお店の経営が上手くいかなくなっていた時期でした。お母さんは、残された借金と家庭内不和から、精神的に不安定になりました。私は、ユヅキへの励ましを込めて、この作文を9月の終わりに授業で取り上げ、クラスのみんなで読み合いました。私は「ユヅキさんが優しいなあと思ったところは、どこですか」「なぜそこが優しいなあと思ったのですか」と、子どもに問いました。子どもたちからは、「『右半身マヒなのにとてもすごいと思いました』のところに、ユヅキさんの優しさが表れていると思います。お父さんのがんばりがわかるから、すごいと書いたと思います」「お父さんも偉いと思います。家族に早く会いたい気持ちがあるから、辛いリハビリにも耐えることができたんだと思います」などの発言が出ました。ユヅキの顔がほんのり緩みました。

2017年1月

お姉ちゃんの赤ちゃん

5年　コトネ

1月4日6時2分に赤ちゃんが生まれました。女の子でした。小さかったです。お姉ちゃんににてました。

9日の月曜日に、お姉ちゃんと赤ちゃんが家に帰ってきました。その時に、聞きました。

お姉ちゃんが、赤ちゃんを産んだ後、切れていたのでぬいました。赤ちゃんのなき声が、へんだったらしくて、ママは、しんぱいしていたらしいです。でも、なんにもなくて、安心したらしいです。きのうだっこして、うれしかったけど、かるかったです。

私が担任した5年1組のコトネが書きました。コトネは、安井小に4年生の1学期まで在籍していましたが、両親の離婚により、お母さんと大阪市内に転校していった子です。転校先では、なかなかクラスに馴染めずほとんど学校に行っていませんでした。

作文に出てくる「お姉ちゃん」も安井小の卒業生でハルナと言い、現在は20歳。この本のプロローグに出てくる愛梨、健と同じクラスで仲良しでした。

昨年11月、妊娠中のハルナがコトネを連れて安井小の職員室にやってきました。お母さんと弟も一緒でした。お母さんが再婚した相手との生活がうまくいかず、安井小校区に帰ってきたとのことでした。

「先生、お母さん、もうフラフラやねん。コトネが『安井小学校やったら、学校へ行く』と言ったから、連れてきた。先生、頼むわ」

コトネは翌日から登校してきました。しかし、教室に入ろうとしても足が進まず、ハルナとお母さんの元に戻ろうとします。目からは涙がこぼれています。その姿をクラスの子どもたちがじっと見ています。私はコトネの手を握り、「みんな待っているから、安心して教室に入ろう」

と言って席に着かせました。

そして、3日後にある安井まつり（文化祭）の準備に入りました。コトネは自分から、店の係もやりたい、劇にも参加したいと言い、劇の練習ではセリフを舞台の上で堂々と言えました。私も、クラスのみんなも驚きました。

それからコトネは1日も休まず登校し、年が明けた1月の初めに、この作文を書いたのです。


最後に1つだけ、いまは社会人になった昔の教え子の文章を紹介します。2016年9月に私が担任をしていた5年1組で教育実習を受けたサヤカが、実習簿に書いた文章です。サヤカは、私が作文教育を始めるきっかけになった2004年度の4年生クラスにいた女の子です。やんちゃな同級生たちの中で、傷付き、悩みながらも成長していき、教師を志したのです。


私は、高校3年生の進路希望調査の際、将来の仕事について悩んだ時期がありました。人が生きていくことを応援していける職に就きたい。その人が、子どもなのか、社会で働く人なのか、お年寄りなのかは定まらず悩んでいました。

まず人にモノを教えるとはどれだけ難しいことなのかを学ぼうと教育学部に進学しました。そして、私が、人が生きていくことを応援していく人になりたいと思ったのは、小学生時代でした。

私の小学生時代は、人よりも沢山の貴重な経験をすることができたと思っています。話は、中学年の頃になります。私の家は、自営業で両親は共働き、祖父母と暮らす時間が多く、また兄弟はおらず、家では一人で過ごす時間が多かったと思います。そして小学校に行けば先生や友だちがいて、私のことをしっかり見てくれる、また私に合った係や役割を担わせてくれる居心地の良い場所でした。

ところが高学年になって、その居心地の良かったところが一変します。なぜか優等生でいる自分が嫌になり、親を悲しませることを沢山してしまいました。その結果、いじめを経験したり、不登校になり保健室登校も経験したり、外部の小学校の子と揉めたり、思い返してみれば周りの人に沢山の心配や迷惑をかけたと思います。でも、二十歳になった今、その経験が自分をつくってきたと思えるようになりました。

そして、母校である安井小学校で、４年生の時に担任をしてもらった勝村先生のクラスで教育実習を受けました。実習中、出会った子どもたちに、私の昔の小学生の姿を思い出しました。学校が好きで、辛い時があってもそれでも行きたかった学校へ。学校で子どもたちが先生や友だちと楽しそうに話す姿を見て、先生っていい職業だなあと改めて感じました。

サヤカは教育実習を終えてからも、週１回安井小に通い、３年生クラスのスクールサポーターを務めました。今春から堺市内の小学校で講師をしています。

コラム ②

作文で教師もつながる、地域もつながる

宮崎 亮

安井小の珍しいところは、10年以上にわたって勝村先生という「作文担当」を置いていることだ。そしてこれが安井小の学校運営の肝になっている。

勝村先生は２００６年春から現在まで毎月、全校児童の作文を読み続け、２０１５年度までは毎月ほとんどのクラスで、クラスメートの作文を題材にみんなで話し合う「作文の授業」をしてきた。

２０１３年秋までの７年半は担任をもたず、教務主任や３～６年生の国語・算数の少人数指導の担当を兼ね、幅広い子どもたちと関わった。担任をもってからも図工や音楽の時間を専科の先生に任せ、他のクラスで作文の授業を続けた。

ここ2年間は、授業をするのはあえて自分のクラスだけにとどめ、ほかは授業をする頻度も含めて担任に任せている。しかし、作文から読み取れる子どもの成長や課題について担任と会話することは欠かさず、時間がないときもそ

安井小の廊下には、各クラスの文集が置かれた「作文コーナー」がある

れらをメモに書き込んで手渡している。コラム1で紹介した池永先生との関わりもその一例だ。
2012年春まで4年間教頭を務めた中井千鶴さんが書いたお別れの文に、こんな一節がある。

子どもたちが帰った放課後、職員室に先生方が帰ってきます。今日、「こんなことがあった」「あの子がこんなことをした」「保護者からこんな申し出があった」等々、今日の出来事をオープンに話せる時間と空間。それが安井の職員室です。勝村先生は少人数指導の担当として、安井っ子全員に関わっています。作文を通して。彼はいつもちょっと自慢げに私に言います。「今朝も四時に起きて、子どもの作文を読んだ。○○さんが、いい表現している。これこれ、読んで。」と、私に作文を見せます。「へえ、お母さんとこんなふうに過ごしたんや。嬉しそうやな。」と私。

私が取材した1年間もそうだったが、放課後の職員室の雰囲気はにぎやかだ。勝村先生と担任、前年の担任。あるいは校長、教頭。先生たちが同じ作文を読み、複数の目で子どもを見守る環境ができていた。

逆に言えば、作文が安井小の先生たちをつなげているとも言える。一緒に作文を読んで子どもの成長や問題点を共有し、一緒になって子どもと関わる中で、教師たちのチームワークができあがっていく。

作文が、勝村先生の存在が、先生たち一人ひとりの日々の取り組みを、また安井小の教師集団そのものを下支えしているように感じた。

そして作文は、子ども同士をつなげ、先生同士をつなげるだけではない。子どもが家にもち帰る文集を通じて、地域に住む大人と子どもや、大人同士もつながっていく。

取材で安井小を訪れたとき、保護者と会話する機会も多かった。

「自分の子の友だちってどんな子なんやろって気になるでしょ？　だから文集を読むんです」「文集を毎月楽しみにしてます。買い物の途中に娘の友だちと出会った時、作文で書いていた出来事について楽しく会話できる」という声をよく聞いた。クラスで問題を起こすやんちゃな子に対しても、1年生の頃から作文を読み、良い面も知っているからこそ寛容になれると話す母親たちもいた。

取材を通して、安井小の作文教育（生活綴方）の取り組みは、学級づくりであり、学校づくりであり、地域づくりにまでつながっているのでは、と感じた。そして、この文の題「作文で教師もつながる、地域もつながる」の「作文」とはつまり、「子どもの声」にほかならない。

おわりに

私が勝村謙司先生と出会ったのは２０１３年秋のことだ。当時、私は大阪社会部の記者で、大阪府内で開かれた教育研究集会を取材しにいった。そこで発表をしていた先生たちの一人が、勝村先生だった。

最初は勝村先生の顔を見ながら発表を聞いていたが、配られたプリントをめくると、そこに印刷された子どもたちの作文から目を離せなくなった。家族の死。お母さんと２人でいったハローワークとカラオケ。犬や猫へのまっすぐな愛情。なぜこんなに身の回りのことや自分の気持ちを包み隠さず、ありのままに書くことができるのかと驚いた（そのいくつかは本書で紹介している）。

集会の後、すぐに勝村先生に声をかけて取材をお願いした。しかし、数日後に丁寧な断りの電話をもらった。「急きょ担任を受けもったとこなんですが、いま、クラスがほんまにしんどくて。せっかくですけど、今回はすみません」

翌春、私は事件担当になり教育の取材から遠ざかったが、あの日に読んだ作文のことはずっと頭にあった。１年余り後に事件担当を外れるとすぐに、勝村先生に電話をかけた。今度はＯＫだった。「この春定年を迎えたんだけど、講師として学校に残り、６年生の担任になりました。覚えていてくれてありがとう」

それから始まった取材については、1章で記した通りだ。

あの1年間をいま振り返ると、子どもたちが自分のことを包み隠さず作文に書ける理由の1つは、勝村先生の普段の言葉や振る舞いにあったと思う。

「どうしたんや？」。休み時間にけんかが起きたとき、どこからか飛んできた勝村先生が最初にかける言葉はたいてい、これだった。「こら！」や「何やってる？」ではない。怒っている子、泣いている子の背中や腕を触りながら、まずは「どうしたんや？」と尋ね、話を聞く。問題が起きたときは子ども同士にも学級会で徹底的に話し合いをさせる。誰かに非難が集中したとき、周りの子たちに「相手の心に届くような言い方で注意しなさい」と真剣な表情でくり返していた。

作文を通じた子どもとの関わりにおいても、勝村先生は同じ姿勢で臨んでいた。

一人ひとりの作文を1年生の頃からしっかりと読み、担任や他の先生たちと共有し、ともに成長を見守ってきた。子どもたちはその間ずっと作文を書き続け、授業で友だちの作文を読み、話し合い、友だちのことを少しずつ理解してきた。

先生や友だちが自分をわかってくれていると感じられるからこそ、安心して素直に、身の回りのことや自分の気持ちを書くことができるのだと思った。

勝村先生が、安井小の先生たちが、10年以上も子どもたちにコツコツと伝え続けてきたこととは――

自分の気持ちを見つめること。話し合うこと。そして、相手の気持ちを想像することだ。

それは教室の中だけでなく、大人の世界でも大切なことだ。とりわけ、相手を口汚くののしったり、排除したりしようとする言葉が目立ついまの世の中では、とても大切なことのように思う。

作文とは違った方法ですばらしい教育を続けている学校や先生を知っているし、作文は1つの方法に過ぎないのかもしれない。それでも、子どもの力を引き出す、価値のある取り組みだということは疑わない。あの年の6年1組。1学期から卒業までの間にみんな背が高くなったなあと感心したが、それと同じように心もしっかりと強く優しく育ったのを、この目で見届けたからだ。

最後に、勝村先生を始め、私の取材を受け入れてくれた安井小の先生方や児童のみなさん、この本を出版することを許してくれた卒業生や保護者のみなさんに心から感謝いたします。ありがとうございました。

２０１８年　1月

朝日新聞記者　宮崎　亮

無着成恭さんインタビュー
「綴方で子どもが見えてくる」

宮崎　亮

朝日新聞大阪版で「安井小　こころの作文」が連載されたのは2016年3月。直前の2月、生活綴方が広く知られるきっかけとなった文集「山びこ学校」（1951年）を世に出した元教師の無着成恭《むちゃくせいきょう》さんにインタビューし、いま生活綴方に取り組む意義を聞きました。さらに掲載された連載記事を無着さんに読んでいただいた上で、4月にもう一度インタビューをしました。それをまとめたものを、ここで紹介したいと思います。

山里の厳しい生活を記録した「山びこ学校」は「雪がコンコン降る。／人間は／その下で暮らしているのです。」という生徒の詩から始まります。教え子に作文を書かせたのは、貧乏なのは自分たちのせいじゃなく、そうさせているのは何なのかに気づいてほしかったから。自分を洗いざらいさらけ出す、そこからしか日本の民主主義は始まらないという発想からでした。

連載を読んで、こういう学校がまだ残ってるんだなと驚くとともに、うれしくなりました。

安井小では転校して来てクラスになじめない子をフォローする子たちがいましたね。「山びこ学校」でも、お金がなくて修学旅行に行けない子を連れて行こうと、クラスみんなで積み立てをしました。作文を読むと、その人の生活や心の中がわかる。他人の目を通して物事を見る経験は、自分自身を見つめることにつながります。弱い立場の子を仲間として受け入れる。そういう子が出てくるのが大事なんです。

6年1組の担任をした勝村先生はいい先生じゃないですか。子どもの側に立ち「教えよう」じゃなく、「引き出そう」としている。作文を書いた子はもちろん、その作文を読んで話し合うことでまわりの子も刺激を受け、クラス全体の意識が上がるのでしょう。

いじめの問題がありますが、それは自分の側からしか物事を見られず、友だちの側から自分の在りようを見ることができない者が起こすのです。今の学校は自分自身を客観視できない人間をつくっている。生活を記録すること、それは自分の生活上の問題や自分が何者なのかという問いから目をそらさないことです。だけど今は自分が何者なのか、何をしたいのかもわからず、自分自身にいらだつ子が多い。だから他人にいらだち、攻撃するんです。

以前、TBSラジオの「全国こども電話相談室」の回答者をしていましたが、平成に入った頃から子どもたちの質問がつまらなくなった。問題意識を持たない子どもが増えたからでしょう。例えば、家にいてもスイッチを押せばすぐに電気がつくが、なぜそうなるのか大事なところは全部壁の中に隠されている。内部構造を知らなくても、スイッチ一つで自分が望む状況にできる。そうした環境が疑問を持たない子どもを生み出しています。原発一つとっても、そう。国民が詳しい中身を知らないほうが国にとっては好都合で、教師の側もそれをわかっていない人が多い。生活綴方は内部構造を見えるようにする教育です。今の日本の教育は、子どもを機械の部品のように育てるシステムになっている。

私たち坊さんは人間を「じんかん」と読みます。人と人との間、つまり関係が人格を作るんです。でも今は、子どもとさえも関係を築けない親が多い。「はたらく」という言葉も「端《はた》」の人を「楽《らく》」にさせる、つまり人を助けるという意味がある。「はたらく」ことにより人格が形成されるのです。

ヒトは犬や猫と違い、人格をもつ「人間」になれますが、餓鬼にもなる。犬や猫は欲望が満たされればそれでおしまいですが、ヒトは死んでからも財産を残そうとするなど徹底的に欲求を満たそうとする。金もうけして何が悪いと言った投資家がいましたね。日本の教育は今や餓鬼を大量生産するシステムになっている。餓鬼にならないためには何をすべきか、人間になるにはどうしたらいいのかを考える力をつけるのが綴方なんです。

綴方に取り組む教師が減っているそうですね。教師が忙しくなりすぎているし、個人情報にうるさくなり、子どもに家庭のことを書かせづらくなったのもあるでしょう。「山びこ学校」ができたのもあの時代だったからで、家庭のしんどい部分が全部暴露されている。たまに読み返しますが「オレはここまで書かせたのか」なんて思うこともあります。

でも、心ある教師は綴方をやるべきです。作文を書かせることで、子どもがどんな気持ちで生活し、授業を受けているのか見えてくる。「そんなこと考えてたのか。ごめん、ごめん」と謝りながら作文を読む。子どもの気持ちが見えないと自分の側からしか言葉を発することができない教師になってしまう。

書かせるべきですね、教師は。子どもに作文を。

無着成恭／１９２７年生まれ。48年、山形県山元村（現・上山市）の中学校に赴任。生徒43人の詩や作文を収めた学級文集を編集した「山びこ学校」が51年に出版され、ベストセラーになった。明星学園（東京）教頭を経て、千葉や大分で住職を務めた後、現在は大分県別府市で暮らす。

解説

声を聴く・声がつなぐ・文化を育む
――子どもと大人をつなぐ作文

神戸大学大学院　准教授　川地亜弥子

この書は安井小学校における作文教育実践と、そこで生まれた作文に焦点をあてた書である。ベテラン教師の勝村謙司さんと、中堅新聞記者の宮崎亮さん、それぞれのまなざしを通じて、描かれている。そのことによって、「名人芸」のように見える勝村実践の謎と、子どもたちの作文の魅力へ迫ることに成功している。

子どもを語る

勝村さんの実践は、本書37ページで野名龍二さんが述べているように子どもたちを「決して離さんぞ」という姿勢に貫かれている。これをやったらもう見放すぞ、という脅しではなく、この子をもっと知りたい、一緒に学びたい、という率直な思いが伝わってくる。子どものことを「わかったふり」をしないで、誠実に向き合っている。これは想像以上に難しいことだ。「あの子は…だから、荒れているのだ」と子どもの行動にわかりやすい理由をつけて、心の引き出しに片づけ、それ以上悩まないほうが、楽だ。でも、勝村さんは悩み続ける。

機会があれば、勝村さんの実践報告をじかに聴いてほしい。「理屈」で説明できない事実を、ごまかさずに語ろうとしている。そこで浮かび上がってくるエピソードを語り、聞き手が質問する、その相互作用の中で、子どもを発見しなおしていく、そういう語りである。

書く・読む・話し合うのサイクル――作文を通じて子どもがつながる

安井小でおこなわれている作文指導では、長さも、技巧なども問題にされない。そんな指導で書く力が育つのだろうか、と心配な人もいるだろう。この点については、自由な作文の指導がおこなわれ始めた当初から論争があった（芦田―友納論争）。子どもが自己を見つめて、自分の書きたいことを書くことを重視した芦田恵之助《あしだえのすけ》と、教師が題を課して書く練習をさせることが必要であると主張した友納友次郎《とものうともじろう》は、1921年、ついに立会演説会をおこなうに至り、600人の聴衆が詰めかけたと記録されている（白鳥千代三編著『小倉講演　綴方教授の解決』目黒書店、1921年）。

冒頭の野名さんは、子どもが自由に書くことを何より大事にしてきた教師の1人だ。彼のクラスの子どもたちの作文を読んだとき、特別の表現技術指導をしていない、ということがすぐには信じられなかった。どうして書けるようになるのだろう。1つには、野名さんも勝村さんも、クラスに文学や詩などをたくさん持ち込み、子どもたちと丁寧に読んでいる。つまり、書くことの技法の指導よりも、ゆたかなことばにふれ、じっくり読むことを大事にしているのだ。

もう1つ重要なことは、それと並行して、子どものことば、表現が大事にされていることである。書きたくないときには書かなくてよい自由が保障される中で、書きたいことをとことん書く。書かれた作文は丁寧に読まれ、クラスで話し合う（共有する）。この「自由に書く、読む、話し合う」のサイクルが何度もくり返される中で、子どもたちは心動かされる出来事に出会ったとき、しっかりと深くとらえようとする。「このことを書こう」と思ったときの見方、感じ方、考え方は、ただ漫然と見るときとはずいぶん違ってくる。読んでくれる人がいる、そのことがますます、意識して経験することにつながっていく。書くときにも、読んでくれる人が思い浮かぶ。

そして読み合うときに、どきどきしながら作者と読者が出会う。書いた子は、自分が書きたかったことについて一番よく知っているので、友たちからの質問に自信をもってこたえられる。ここでは、書き言葉だけでなく、話し言葉も育つ。

このように子どもたちは、作文を書き、読むことを中心にしながら、友だちや教師との信頼関係を築くことと、自分の思いを言葉で表現する、友だちの表現を丁寧に理解することを同時におこなっている。

こうした読み合いが、子どもたちにいくつもの信頼関係を築いていく。ある友だちとうまくいかないことがあっても、周りの子どもとのつながりがあり、いよいよとなるとすかさず助けたり、「やりすぎやで」と言えたりする関係がある。子ども同士のしなやかなネットワークが形成されていく。勝村さんの作文教育は、言語教育と、人格形成、人間関係の育成をバラバラにしてしまわずに、自分の言葉のインパクト（声の力、と言ったらいいだろうか）を実感しながら人との関係を築いていくという生き方の根幹を育てている。

余談になるが、ケンブリッジ大学の教育学部およびヒュージホール（Hughes Hall、教員養成の長い歴史を持つ部局の1つ）でオラシー（Oracy、話し言葉の力）の教育研究が盛んに進められている。話し言葉の力は民主主義の土台になり、社会の不平等を是正する、との考えから、公立の学校における話し言葉教育を研究している。勝村さんの作文教育を、読む・書くことだけでなく、聞く・話すこととの関係で研究していくことは、今後の重要な課題になるだろう。

作文を通じて教師同士もつながる

ベテランの勝村さんも、もちろん悩む。このとき、一緒に考えてくれる教師集団が、大きく分けると2つある。

1つはもちろん安井小の先生たちである。勝村さんは、若い先生や校長、教頭とも積極的に話す。勝村さんは、声の大きさで子どもや若い先生を従わせる教師ではない。どちらかと言えば、自分の苦手なことも率直に語る教師である。若い先生と子どものとらえ方、教育観を学び合い、お互いに育ちあう関係が、作文を中心にできている。

勝村さんがもう一つ頼りにしている集団は、教育サークル（自主的教育研究会）である。勝村さんは大阪綴方の会を中心に参加しており、この会では教師が子どもの作文をそのまま掲載した上で自分の実践をレポートとしてまとめ、読み合う。本書に、勝村さんがサークルで相談した話が出てくる。荒れる子どもを前に、余裕がなくなり、それでもサークルに行くと、野名さんがタイシの作文を読み、「『～のです。～のです』の文体に、この子のプライドがあらわれている」と語る場面。ここで勝村さんはタイシの大事な一面を発見している。

このように、子どもの作文から聞こえる子どもの声を聞きとり、理解を深めること。それを他の教師と共におこなうことでより一層深く聴き取ることができる。そして、教師同士もつながるのである。

子どもを語る文化の形成——関係の貧困の改善

宮崎さんは、「作文＝子どもの声」が、地域の大人もつないでいる、ということを、取材によって明らかにした（コラム2）。子どもの友だちのことがわかる、クラスメートの成長がわかる、道端で会ったときに話せる、と。子どもは、大人をつなごうとして書いているのではない。にも関わらず、子どもの作文が結果として、大人同士、大人と学校をつなぎ、地域の大人が子どもを語る文化を形成している。

現代の日本では、子どもの貧困が深刻な問題として指摘されている。経済的貧困、文化的貧困（家に本がない、家族で博物館に出かけたりすることがないなど）、等に加え、関係の貧困が進行している。困ったときに相談できる他者、頼れる他者がいない、ということが、社会的不利に拍車をかけていく。

無着成恭さん指導の『山びこ学校』（青銅社、1951年）は、1950年頃の山形県山元中学校（現在は廃校）の生徒作品を中心にした詩集である。無着さんの実践と、勝村さんの実践とは、時代や子どもの年齢、地域の違いはあるが、どちらも厳しい暮らしを送る友だちがいる、そうした学級での実践である。

ただし、その貧困へのアプローチは幾分異なっているように見える。『山びこ学校』には、困窮した友人の暮らしを経済的に助けようと呼びかける作品がある。一方、勝村さんの作文教育は、経済的貧困へのアプローチよりも、関係の貧困の克服に大きな力を発揮しているように見える。困ったときに助けてもらえる相手、相談できる相手がいない状況を、作文が変えているのだ。

子どもの作文がもつ声に耳を傾ける安井小の作文教育は、書かせる教育というよりも聴く（丁寧に読む）教育である。丁寧に読まれることで、子どもはまた書き、語り、その往還が子どもをエンパワメントする。自分の言葉には力がある、と実感できる。実際、力があるのだ。クラスで、廊下で、家で、職員室で、近所の道端で、教育サークルで、話が弾む。いろんな人が、作文、文集を待っている。作文が、子どもを中心に語り合う学校文化、地域の文化を醸成している。安井っ子は、そんな文化の中で、今日も大切な瞬間を胸に刻みながら生きている。

●著者プロフィール

勝村謙司（かつむら・けんじ）
1954年４月18日生まれ。大阪府堺市出身。1978年、堺市立桃山台小学校教諭に。市立浜寺小学校、登美丘南小学校を経て、2004年に安井小学校に赴任。2015年春に定年退職後は講師として同校で勤務を続け、2018年１月現在は６年１組担任。大阪綴方の会会員。

宮崎亮（みやざき・りょう）
1980年４月18日生まれ。東京都国立市出身。2005年に朝日新聞社入社。富山総局、和歌山総局、大阪編集センター、大阪社会部を経て、2018年１月現在は奈良総局に勤務。

［写真］ カバー、１章すべて、p.18、20、122、157は、朝日新聞社撮影。
p.92、101、119、126、134、151は、勝村撮影。その他は提供写真。

こころの作文
綴り、読み合い、育ち合う子どもたち

2018年２月１日　第１刷発行
2018年10月12日　第２刷発行

著　者／ⓒ勝村謙司
宮崎　亮

発行者／竹村正治
発行所／株式会社　かもがわ出版
〒602-8119　京都市上京区堀川通出水西入
☎075(432)2868　FAX 075(432)2869
振替　01010-5-12436
印　刷／シナノ書籍印刷株式会社

ISBN978-4-7803-0945-4 C0037　Printed in Japan